“一带一路” 营商环境法治保障系列

赵旭东　总主编
李建伟 朱晓娟 吴高臣　副总主编

中国外商投资法律制度

苏　东 主编　高素丽 副主编

中国民主法制出版社

图书在版编目（CIP）数据

中国外商投资法律制度/苏东主编．—北京：
中国民主法制出版社，2019.11
（“一带一路”营商环境法治保障系列）
ISBN 978-7-5162-2090-0

Ⅰ.①中…　Ⅱ.①苏…　Ⅲ.①外商投资—涉外经济法—研究—中国　Ⅳ.①D922.295.4

中国版本图书馆 CIP 数据核字（2019）第 220282 号

图书出品人：刘海涛
出 版 统 筹：乔先彪
责 任 编 辑：陈　曦　贾萌萌　谢瑾勋

书名/中国外商投资法律制度
ZHONGGUOWAISHANGTOUZIFALÜZHIDU
作者/苏　东　主　编
高素丽　副主编

出版·发行/中国民主法制出版社
地址/北京市丰台区右安门外玉林里 7 号（100069）
电话/（010）63055259（总编室）　63057714（发行部）
传真/（010）63056975　63056983
http：// www. npcpub. com
E-mail：mzfz@ npcpub. com
经销/新华书店
开本/16 开　787 毫米×960 毫米
印张/15　**字数**/199 千字
版本/2020 年 1 月第 1 版　2020 年 1 月第 1 次印刷
印刷/北京天宇万达印刷有限公司

书号/ISBN 978-7-5162-2090-0
定价/45.00 元

《“一带一路”营商环境法治保障系列》
编 委 会

◉总序

习近平总书记在2013年提出建设“丝绸之路经济带”和“21世纪海上丝绸之路”的构想，五年多来，在各参与方的共同努力下，“一带一路”倡议从理念转化为行动，从愿景转变为现实，构建起了各自优势互补、彼此互联互通的国际合作平台。

党的十九大报告指出，要以“一带一路”建设为重点，坚持“引进来”和“走出去”并重，加强创新能力开放合作，形成陆海内外联动、东西双向互济的开放格局。同时，党的十九大通过修改的党章明确指出：遵循共商共建共享原则，推进“一带一路”建设。推进“一带一路”建设写入党章，必将为新时代共建“一带一路”，共建人类命运共同体进一步指明方向，注入强劲动力。

随着我国“一带一路”建设的深入推进，营造互信互通的法治营商环境，为投资贸易合作方提供全面周到的法律支持，切实维护中外当事人的合法权益便提上了日程。因此，为了增进“一带一路”建设沿线各国的彼此沟通，积极建立成员方统一认知和公正高效的司法保障体系，切实保障“一带一路”建设成果的不断扩大，我们推出了《“一带一路”营商环境法治保障系列》图书。

本系列图书构建了“一带一路”法治保障服务体系，主要介绍了投资贸易、产业合作、公正司法、纠纷解决、劳工保护等领域的法律制度，从而以保护中外当事人合法权益，维护公平竞争、诚实守信、和谐共赢的区域合作大环境。本系列图书体例科学，通俗易懂，旨在加强中国与“一带一路”沿线国家的“政策沟通”和“法治互信”，通过向国际社会展示我国法律制度的建设成就，以此提升我国法律的国际影响力。

《“一带一路”营商环境法治保障系列》图书作为“一带一路”建设的法治保障参考适用读物，旨在为沿线各国加强法律制度的交流互鉴，旨在全面落实我国“一带一路”建设的任务要求，全面构建“一带一路”建设中的法治保障体系，以便全球共享“一带一路”的建设成果。

赵旭东*
2019 年 8 月

---

* 赵旭东，中国法学会商法学研究会会长，中国政法大学教授。

目　录

第一章

外商投资法律制度概述

第一节　外商投资概述

【规则要点】

外商投资是来源于中国境外的资金。外国投资者可以是外国的企业、公司、其他经济组织或个人，界定标准为投资主体的国籍和企业设立时依据的法律。我国港澳台地区的投资，参照或者比照适用有关外国投资的规定执行。

外国投资的表现形式包括新设、并购、新建项目和其他方式等情形。

【理解与适用】

一、外商投资

外商投资是针对在中国境内投资的资金来源而言的，在东道国境内进行投资的资本来源于国外的资金即属于外资。具体而言，外商投资，是指外国的自然人、企业或者其他组织（以下称外国投资者）直接或者间接在中国境内进行的投资活动。此外，由于政治、历史、法律等原因，我国港澳台地区的投资参照或者比照适用有关外国投资的规定执行。

根据投资主体的国籍和设立企业所依据的法律将投资者分为外国投资

者和中国投资者。外国投资者，是指在中国境内投资的不具有中国国籍的自然人、依据其他国家或者地区法律设立的企业、其他国家或者地区政府及其所属部门或机构以及国际组织。另外，受到上述规定的主体控制的境内企业，视同外国投资者。我国港澳台地区的投资者进行投资，参照或者比照有关外国投资者的规定执行。外国投资者在中国习惯上被称为“外商”，以下叙述会多次出现“外商”二字。中国投资者，是指具有中国国籍的自然人和中国政府及其所属部门或机构以及受前两项主体控制的境内企业。

二、外国投资的表现形式

外国投资者在中国进行投资的表现形式多种多样，根据《中华人民共和国外商投资法》的规定，外商投资，是指外国投资者在中国境内直接或者间接从事的如下投资活动：

第一，外国投资者单独或者与其他投资者共同在中国境内设立外商投资企业。设立外商投资企业是外国投资者在中国进行直接投资的基本形式。

第二，外国投资者取得中国境内企业的股份、股权、财产份额或者其他类似权益。比如取得中国境内或其他属于中国资源管辖领域自然资源勘探、开发的特许权，或者取得基础设施建设、运营的特许权、中国境内土地使用权、房屋所有权等不动产权利。

第三，外国投资者单独或者与其他投资者共同在中国境内投资新建项目。

第四，法律、行政法规或者国务院规定的其他方式的投资。比如，通过合同、信托等方式控制中国境内企业或者持有中国境内企业权益等方式从事投资活动或者境外交易导致中国境内企业的实际控制权向外国投资者转移的，视同外国投资者在中国境内投资。

对外国投资者在中国境内投资银行业、证券业、保险业等金融行业，或者在证券市场、外汇市场等金融市场进行投资的管理，国家另有规定的，依照其规定。①

---

① 如根据证监会的有关规定设置外商投资证券公司或者外商投资期货公司等。

外商投资法首次统一对“外商投资”作出定义，明确了外商投资分为直接投资和间接投资两大类，除新设、并购、新建项目和其他方式四种情形外，还有其他情形作为兜底条款。

外商投资企业，是指全部或者部分由外国投资者投资、依据中国法律在中国境内经登记注册设立的企业。通过设立企业进行直接投资取得企业的控制管理权的方式，比较受外国投资者青睐，也是中国利用外资的主要方式，对外国投资者的投资回报和中国的经济发展都起到了重要作用。

【法条指引】

中华人民共和国外商投资法（节录）

第二条　在中华人民共和国境内（以下简称中国境内）的外商投资，适用本法。

本法所称外商投资，是指外国的自然人、企业或者其他组织（以下称外国投资者）直接或者间接在中国境内进行的投资活动，包括下列情形：

（一）外国投资者单独或者与其他投资者共同在中国境内设立外商投资企业；

（二）外国投资者取得中国境内企业的股份、股权、财产份额或者其他类似权益；

（三）外国投资者单独或者与其他投资者共同在中国境内投资新建项目；

（四）法律、行政法规或者国务院规定的其他方式的投资。

本法所称外商投资企业，是指全部或者部分由外国投资者投资，依照中国法律在中国境内经登记注册设立的企业。

第四十一条　对外国投资者在中国境内投资银行业、证券业、保险业等金融行业，或者在证券市场、外汇市场等金融市场进行投资的管理，国家另有规定的，依照其规定。

第二节　外商投资企业的设立方式

【规则要点】

外商投资企业的设立方式包括直接设立投资企业、外资并购境内企业、设立外资企业常驻代表机构以及外商投资企业再投资等。

外国投资企业的组织形式、组织机构及其活动准则适用《中华人民共和国公司法》《中华人民共和国合伙企业法》等法律的规定。过渡期的中外合资经营企业、中外合作经营企业、外资企业三种组织形式仍然有效，还有中外合资股份有限公司、外商投资性公司、中外合作勘探开发自然资源合同、BOT及其衍生方式等类型。

【理解与适用】

一、直接设立投资企业

外商投资企业是一个概括性的概念，包括所有含有外资成分的企业，直接设立投资企业是外国投资者直接全部或部分出资在中国境内设立法律法规允许的外国投资企业的类型。外商投资法第31条规定："外商投资企业的组织形式、组织机构及其活动准则，适用《中华人民共和国公司法》、《中华人民共和国合伙企业法》等法律的规定。"外商投资法采取内外资组织形式统一的原则，外国投资者在中国直接设立的企业可以是公司法人，也可以是合伙企业。

（一）内外资统一的组织形式

1. 公司法人

根据公司法的有关规定，公司，是指依照公司法在中国境内设立的有限责任公司和股份有限公司。公司是企业法人，有独立的法人财产，享有法人财产权。公司以其全部财产对公司的债务承担责任。有限责任公司的股东以其认缴的出资额为限对公司承担责任；股份有限公司的股东以其认购的股份为限对公司承担责任。公司股东依法享有资产收益、参与重大决策和选择管理者等权利。因此，外国投资者可以根据需要设立有限责任公司或者股份公司，并且根据相关法律、行政法规进行设立公司的申请、审批或者备案。

2. 合伙企业

根据合伙企业法及其管理办法的有关规定，合伙企业，是指自然人、法人和其他组织依法在中国境内设立的普通合伙企业和有限合伙企业。普通合伙企业由普通合伙人组成，合伙人对合伙企业债务承担无限连带责任。合伙企业法对普通合伙人承担责任的形式有特别规定的，从其规定。有限合伙企业由普通合伙人和有限合伙人组成，普通合伙人对合伙企业债务承担无限连带责任，有限合伙人以其认缴的出资额为限对合伙企业债务承担责任。另外，国有独资公司、国有企业、上市公司以及公益性的事业单位、社会团体不得成为普通合伙人。因此，外国投资者可以根据需要设立有限责任公司或者股份公司，并且根据相关法律、行政法规进行合伙企业设立申请。

另外，《外国企业或者个人在中国境内设立合伙企业管理办法》规定，外国企业或个人可以在中国境内设立合伙企业，并规定了外商投资合伙企业的设立直接向企业登记机关申请登记，不用到商务部门审批，减少了行政审批，但需要向企业登记机关提交符合外商投资产业政策的说明。

（二）外商投资企业的特殊组织形式

外商投资法第42条规定："本法自2020年1月1日起施行。《中华人民共和国中外合资经营企业法》、《中华人民共和国外资企业法》、《中华人民共和国中外合作经营企业法》同时废止。本法施行前依照《中华人民共和国中外合资经营企业法》、《中华人民共和国外资企业法》、《中华人民共和国中外合作经营企业法》设立的外商投资企业，在本法施行后五年内可以继续保留原企业组织形式等。具体实施办法由国务院规定。"因此，在外商投资法施行前设立的中外合资经营企业、外资企业、中外合作经营企业等组织形式有一个5年的过渡期，可以用来转换组织形式，注销企业，或者终止合同。根据外国投资者在企业的注册资本和资产中所占股份和份额的比例不同以及其他法律特征不同，外商投资法施行前的外商投资企业主要包括以下几种：

1. 中外合资经营企业

中外合资经营企业，是指外国公司、企业、其他经济组织或个人同中国的公司、企业或其他经济组织，依照中国法律法规在中国境内设立的，由双方共同出资、共同经营，按照各自的出资比例共担风险、共负盈亏的企业。按照中外投资者的出资比例来确定投资者的风险、责任和利润分配，各自的权利和义务十分明确。这种形式较多应用于投资多、技术性强、合作时间长的项目。

2. 中外合作经营企业

中外合作经营企业，是指外国公司、企业、其他经济组织、个人同中国公司、企业、其他经济组织，依照中国有关法律在中国境内设立的，由双方通过合作经营企业合同约定各自的权利和义务的企业。其特点是合作方式较为灵活，中方投资者可以无形资产等要素作为合作的条件，解决了中国企业投资资金缺乏的问题；允许外国投资者先行收回投资，对外国投资者有较大的吸引力；在合作期满，企业全部固定资产无偿归中方所有。

3. 外资企业

外资企业，亦称外商独资企业，是指外国公司、企业、其他经济组织或个人，依照中国有关法律在中国境内设立的，全部资本由外国投资者投资的企业，但不包括外国的企业和其他经济组织在中国境内的分支机构。

4. 中外合资股份有限公司

中外合资股份有限公司，亦称外商投资股份有限公司，是指外国公司、企业、其他经济组织或个人同中国公司、企业或其他经济组织，依照中国法律法规在中国设立的，全部资本由等额股份构成，股东以其所认购的股份对公司承担责任，公司以其全部财产对公司债务承担责任，外国股东和中国股东共同持有公司股份，且外国股东持有的股份占公司注册资本25%以上的企业法人。中外合资股份有限公司实际上是合营企业的一种，是按照股份有限公司形式组织的合营企业。

5. 外商投资性公司

外商投资性公司，是指外国投资者在中国境内以独资或与中国投资者合资的形式设立的从事直接投资的公司，其形式可以为有限责任公司或股份有限公司。申请设立投资性公司的外国投资者必须资信良好，拥有举办投资性公司所必需的经济实力。

6. 中外合作开发

中外合作开发，是指中国公司与外国公司通过订立风险合同，对海上、陆地、石油、矿产资源进行合作勘探开发。合作开发是国际上目前在自然资源领域广泛使用的一种合作方式。特点是高风险、高投入、高收益。合作开发一般分为三个阶段，即勘探、开发和生产。中外合作勘探开发自然资源合同，是指中国公司、企业、其他经济组织与外国公司、企业、其他经济组织、个人，依照中国有关法律在中国境内的某些特定区域内的合作勘探、开发、生产自然资源的合同。中外合作勘探开发自然资源合同有以下特点：

（1）中外合作勘探开发为专营勘探开发，作为合作者的中方的合作资格为法律法规所允许，不是任何公司、企业或其他经济组织均可为之；

（2）合作勘探开发的区域须经国务院批准；

（3）中外合作者之间完全是契约式合作，合作条件、产品分配、风险负担完全由合同约定。

7. BOT 及其衍生方式

BOT 方式，是指投资者在投资国承担一个既定的工业项目或基础设施项目，负责项目的建造、运营、维修和转让。投资者在固定期限内建立营业设施，并且被允许在该期限内回收对该项目的投资、运营、维修费以及其他费用，在规定的期限届满之后，将该项目转让给项目方的政府。在中国，BOT 方式主要应用于高速公路、电厂、污水处理厂等领域，并且衍生出许多变通方式。

二、外资并购境内企业

外资并购境内企业，是指外国投资者购买中国境内非外商投资企业（境内内资企业）股东的股权或认购境内公司增资，使内资公司变更设立为外商投资企业，这种方式称为“股权并购”；或者外国投资者设立外商投资企业，并通过该企业协议购买境内企业资产且运营该资产，或外国投资者协议购买境内企业资产，并以该资产投资设立外商投资企业运营该资产，这种方式称为“资产并购”。

外资并购境内企业的优势在于：

第一，采取并购的方式可以节省投资时间、金钱、精力以及规避风险。

第二，并购的方式可以用少量资本控制和运用更多的资产，从而谋求更多的利润。

第三，并购可以节省很多审批和调查市场的时间，规避多重障碍，直接进入并购企业所在企业和所在市场。

三、外国企业在华常驻代表机构

外国企业在华常驻代表机构，又称为外国企业在华代表处（以下简称代表机构），是指外国企业依据中国法律在中国境内设立的从事与该外国企业业务有关的非营利性活动的办事机构。代表机构不具有法人资格。

（一）代表机构的设立登记

代表机构现在实行直接登记制度，特殊的行业仍须审批。省、自治区、直辖市人民政府市场监督管理部门是代表机构的登记和管理机关。代表机构的登记事项包括：代表机构名称、首席代表姓名、业务范围、驻在场所、驻在期限、外国企业名称及其住所。名称中应包含“代表处”的字样。

外国企业申请设立代表机构，应当向登记机关提交下列文件、材料：

1. 代表机构设立登记申请书；
2. 外国企业住所证明和存续 2 年以上的合法营业证明；
3. 外国企业章程或者组织协议；
4. 外国企业对首席代表、代表的任命文件；
5. 首席代表、代表的身份证明和简历；
6. 同外国企业有业务往来的金融机构出具的资金信用证明；
7. 代表机构驻在场所的合法使用证明。

（二）代表机构的经营范围

代表机构不得从事营利性活动，一般的代表机构可以在中国境内从事与外国企业业务有关的非直接经营的活动：

1. 与外国企业产品或者服务有关的市场调查、展示、宣传活动；
2. 与外国企业产品销售、服务提供、境内采购、境内投资有关的联络活动。

但是，中国缔结或者参加的国际条约、协定明确规定外国企业常驻代表机构可以在华从事直接经营活动的，应当从其规定。不得从事营利性活动，不意味着不得从事任何经营活动，代表机构有权从事维持其正常运营的经营活动。

四、外商投资企业再投资

根据《关于外商投资企业境内投资的暂行规定》的规定，外商投资企业再投资，又称外商投资企业境内投资，是指在中国境内依法设立的有限责任公司或者股份有限公司，或者采取有限责任公司形式的中外合资经营企业、中外合作经营企业和外资企业以及外商投资股份有限公司，以本企业的名义，在中国境内投资设立企业或购买其他企业投资者股权的行为。被投资企业应为有限责任公司或股份有限公司。

根据《商务部关于修改部分规章和规范性文件的决定》中对外商投资规则重置的规定：

1. 取消了外商投资企业境内再投资要以注册资本全部缴清并进行验资为前提的要求；

2. 取消对外投资不得超过净资产 50% 的要求；

3. 外商投资企业在鼓励类或允许类领域投资设立公司时，对被投资公司所在地公司登记机关提出申请时，不再需要提供法定验资机构出具的注册资本已经缴足的验资报告。

这是商务部为落实注册资本登记制度改革要求、促进工商注册制度便利化，取消外商投资领域对于注册资本、出资期限、首次出资比例等的限制，并简化了部分行业年检及办理其他登记事项的手续，将对外商在中国境内投资产生重要的积极影响。

【法条指引】

中华人民共和国外商投资法（节录）

第三十一条 外商投资企业的组织形式、组织机构及其活动准则，适用《中华人民共和国公司法》、《中华人民共和国合伙企业法》等法律的规定。

外国企业常驻代表机构登记管理条例（节录）

第五条 省、自治区、直辖市人民政府市场监督管理部门是代表机构的登记和管理机关（以下简称登记机关）。

登记机关应当与其他有关部门建立信息共享机制，相互提供有关代表机构的信息。

第九条 代表机构的登记事项包括：代表机构名称、首席代表姓名、业务范围、驻在场所、驻在期限、外国企业名称及其住所。

第十条 代表机构名称应当由以下部分依次组成：外国企业国籍、外国企业中文名称、驻在城市名称以及“代表处”字样，并不得含有下列内容和文字：

（一）有损于中国国家安全或者社会公共利益的；

（二）国际组织名称；

（三）法律、行政法规或者国务院规定禁止的。

代表机构应当以登记机关登记的名称从事业务活动。

第二十二条 设立代表机构应当向登记机关申请设立登记。

第二十四条 登记机关应当自受理申请之日起15日内作出是否准予登记的决定，作出决定前可以根据需要征求有关部门的意见。作出准予登记决定的，应当自作出决定之日起5日内向申请人颁发登记证和代表证；作出不予登记决定的，应当自作出决定之日起5日内向申请人出具登记驳回通知书，说明不予登记的理由。

登记证签发日期为代表机构成立日期。

第三节　外商投资法律制度

【规则要点】

外商投资法律制度调整的是中国在协调经济运行过程中发生的关于外商投资企业设立、变更和终止以及其生产和运营过程中所产生的各类社会关系。

外商投资法律体系包括宪法、法律、行政法规、部门规章等不同效力层级的外商投资法律规范，主要是行政法规和部门规章在调整，还包括东道国与投资国的双边投资鼓励与保护协定，以及国际间签订的国际投资保护协定、解决投资争端公约和国际投资惯例等国际贸易与投资的各类规范。

【理解与适用】

一、外商投资法的概念

2020年1月1日生效的外商投资法，是为了进一步扩大对外开放，积极促进外商投资，保护外商投资合法权益，规范外商投资管理，推动形成全面开放新格局，促进社会主义市场经济健康发展，根据宪法制定的，主要调整在中国境内的外商投资。外商投资法是一个基础性、概括性的法律，而外商投资法的调整范围涉及外商投资活动的方方面面，是调整国家在协调经济运行过程中发生的关于外商投资企业组织和活动等各种社会关系法律规范的总称。其主要内容包括外商投资企业的组织形式、设立与登记程序、法律地位、投资关系、法律文件、中外双方的权利义务、组织机构、经营管理、劳动关系、税收、外汇管理、解散与清算等。

外商投资法的调整对象是国家在协调经济运行过程中发生的关于外商投资企业设立、变更和终止以及其生产和运营过程中所发生的各类社会关系。这些社会关系包括：

1. 在中外双方投资者或外方投资者独资设立、变更、终止其外商投资关系的过程中与政府主管部门发生的行政关系；

2. 在外商投资企业经营管理运营的过程中所发生的各种经济关系；

3. 在市场管理和宏观调控过程中发生的政府主管部门对外商投资企业的管理关系；

4. 在社会保障过程中发生的关于外商投资企业与企业职工的相互关系等。

二、外商投资法律体系

外商投资法律体系可以从横向和纵向两个方面理解：从纵向上看，包括从宪法、法律、行政法规、部门规章等不同效力层级的外商投资法律规范；从横向上看，除了国内立法所形成的外商投资法律规范外，还包括东道国与投资国的双边投资鼓励与保护协定，以及国际间签订的国际投资保护协定、解决投资争端公约以及国际投资惯例等国际贸易与投资的各类规范。

外商投资企业立法是伴随着改革开放进程而逐步建立并不断完善的。2019 年 3 月 15 日十三届全国人大二次会议审议通过的外商投资法是中国第一部统一的规范外商投资行为的法律，全面实行准入前国民待遇加负面清单管理制度，切实保护外商投资的合法权益，促进公平竞争，营造更加稳定、透明、法治化的营商环境。在此之前，规范外商投资行为的法律规范散见于宪法、法律、行政法规、地方性法规、政府规章以及中国缔结和参加的国际条约之中。以下是有关规范外商投资的各层级法律体系：

（一）宪法

宪法是中国的根本大法。宪法第 18 条规定，中华人民共和国允许外国的企业和其他经济组织或者个人依照中华人民共和国法律的规定在中国投资，同中国的企业或者其他经济组织进行各种形式的经济合作。在中国境内的外国企业和其他外国组织以及中外合资经营的企业，都必须遵守中华人民共和国的法律。它们的合法的权利和利益受到中华人民共和国法律的保护。宪法对外商在中国境内设立企业予以肯定，在中国境内设立的外商投资企业，都是中国的法律主体；凡符合中国法律关于法人条件规定的，依法取得中国法人资格。一方面，外商投资企业受中国法律的保护；另一方面，外商投资企业受中国法律的管辖。在东道国设立的外商投资企业受东道国法律的管辖，外商投资企业必须遵守东道国的法律、法规，这是国际上通行的做法。

（二）专门性法律

这里的法律指的是狭义上的法律，即仅指由全国人民代表大会及其常务委员会制定和修改的法。外商投资法适用于直接或者间接在中国境内进行投资活动的外国自然人、企业或者其他组织，投资活动包括但不限于设立企业、取得权益、投资新建项目。该法的出台将取代之前的中外合资经营企业法、外资企业法和中外合作经营企业法，作为针对外商投资的基础性法律而存在。外商投资法规定了中国对外商投资实行准入前国民待遇加负面清单制度，指的是在外商投资“进入”环节，“原则上”也实行国民待遇，但外国投资者不得投资负面清单上禁止投资的领域，投资负面清单上限制投资的领域应当符合相应条件，该管理制度是外商投资法的核心。从自由贸易试验区的负面清单制度试行，到全国人民代表大会修改三资企业法中不涉及国家规定的外商投资准入特别管理措施的外商投资企业的设立及变更；由审批改为备案管理，再到外商投资法确认实行全国性的负面清单制度，一步步完成了中国外商投资企业设立变更由“全面审批制”到“备案管理 + 特别管理措施”的转变，体现了中国加大了吸引外商投资的力度，放松对某些行业的准入限制。但是，外商投资法的内容仍然较为原则，只是一个框架性的立法，大量的外商投资法律制度实际上是由行政法规和中央政府有关主管部门的行政规章和产业政策来完善的。

另外，关于外商投资的专项法律法规，即中外合资经营企业法、中外合作经营企业法、外资企业法，在外商投资法施行之日起同时废止。但在外商投资法施行前设立的中外合资经营企业、中外合作经营企业、外资企业等 3 种组织形式有 5 年的过渡期，具体的实施办法由国务院规定。

（三）行政法规

由国务院发布的或国务院批准、由政府主管部门发布的行政法规，这一层级构成了外商投资法律体系的主体内容。诸如，《中华人民共和国中外合资经营企业法实施条例》《中华人民共和国中外合作经营企业法实施细则》《中华人民共和国外资企业法实施细则》《指导外商投资方向规定》《外国企业常驻代表机构登记管理条例》《国务院办公厅关于建立外国投资者并购境内企业安全审查制度的通知》等。这一层级的行政法规与外商投资法一起构成了外商投资的主要法律依据。

作为外国投资者，应随时注意国务院及其部委出台的有关产业政策。这一层级的最大特点是出台方式灵活，调整范围广泛，紧扣国内外经济形势的发展要求，但对现行立法体系的冲击也最大，如 2017 年发布的《国务院关于扩大对外开放积极利用外资若干措施的通知》和 2018 年发布的《国务院关于积极有效利用外资推动经济高质量发展若干措施的通知》对于产业政策的修订。

（四）部门规章

部门规章是由国务院下属主管部门单独或联合发布的国务院部门规

章，这一层级的立法更多的是从微观的角度对外商投资法律制度的落实起规范作用。其制定主体既有单一的主管部门，也有多部门联合立法的形式。诸如，《关于外商投资举办投资性公司的规定》是由商务部这一单一的立法主体制定的，而《关于外商投资企业合并与分立的规定》则是由原外经贸部和原国家工商行政管理总局联合发布的。

（五）地方性法规和地方政府规章

地方人大、政府出台的有关产业政策，包括地方性法规和地方政府规章，这一立法体系的最大特点是"地方性"色彩明显，针对本地的特点具体规定，可操作性强。外商投资法第 24 条规定，各级人民政府及其有关部门制定涉及外商投资的规范性文件，应当符合法律法规的规定；没有法律、行政法规依据的，不得减损外商投资企业的合法权益或者增加其义务，不得设置市场准入和退出条件，不得干预外商投资企业的正常生产经营活动。这意味着地方立法机构或政府均无权在没有上位法的基础上通过地方性法规或地方政府规章等对外商投资进行干涉或限制。

（六）司法解释

《最高人民法院关于审理外商投资企业纠纷案件若干问题的规定（一）》是最高人民法院第一次对此类法律适用问题作出的系统性解释，更侧重于对中国投资者和外资投资者之间纠纷的调整，侧重于 3 种不同外资企业形式的股权治理结构的调整，没有涉及外商投资企业解散和清算的内容。另外，其他有关司法解释及相关司法政策性文件也是法院审理外商投资纠纷及传统三资企业民商事交易纠纷的重要依据。

三、外商投资法与其他法律制度的衔接

（一）外商投资法与民商事基本法

解决外商投资合同纠纷，首要考虑的民商事基本规范是有关外商投资的主体性法律，包括公司法、合伙企业法、合同法和物权法，只有将此类法律的调整功能进行结合才能动态地规范外商投资领域的民商事行为。无论是物权法中的所有权制度、共有制度及担保物权制度，或是合同法中的合同效力制度以及公司法制度等都是判定外商投资法律行为有效性的重要依据。

公司法规定，外商投资的有限责任公司和股份有限公司适用本法；有

关外商投资的法律另有规定的，适用其规定。这一授权性立法安排表明，当外商投资专门性法律存在特殊规定的，应当优先适用。但当某些专门性立法的效力层级低于公司法时，应当按照上位法优于下位法的原则来优先适用公司法。诸如，国务院的有关行政法规与公司法冲突的，应当优先适用公司法。根据外商投资法规定，新设立的外商投资企业将适用公司法等法律法规，最高权力机构由"董事会"变更为"股东会"，"修改合营企业章程；增加或者减少注册资本；合营企业合并、分立；合营企业的终止、解散"等重大事项决议要求由出席会议的董事一致通过变更并由2/3以上表决权的股东通过即可。

除了要遵守上述法律规定外，还要遵守对土地使用、技术引进、劳动管理、财务会计、税收征管、金融与外汇管制、海关与进出口管理等与外商投资配套适用方面的法律法规。

（二）投资纠纷争议解决机制方面的法律体系

解决外商投资的有关争议一般有协商、调解、仲裁和诉讼 4 种方式，法律体系主要包括仲裁与诉讼两种。争议双方有仲裁协议的，可以在中国的仲裁机构进行仲裁，也可以在其他仲裁机构仲裁；争议双方没有有关仲裁的书面协议的，发生争议的任何一方都可以依法向人民法院起诉。依据的行政诉讼法、行政许可法以及外商投资法的有关规定，外商投资企业或者其投资者和地方政府发生纠纷，或者认为行政机关及其工作人员的行政行为侵犯其合法权益的，除通过外商投资企业投诉工作机制申请协调解决外，还可以依法申请行政复议、提起行政诉讼。但与中央政府发生纠纷的，则只能请求国务院复议而不得诉诸司法审查，也即包括最高人民法院在内的中国任何一级法院对国务院均不享有司法审查权。

中国法院对外商投资纠纷享有诉讼专属管辖权，中外投资者不得约定国外及中国港澳台地区法院受理此类纠纷；涉及仲裁管辖的，虽然可适用仲裁机构之程序性规则，但对于合营企业合同的订立、效力、解释、执行及其争议的解决等实体法方面，均应适用中国法律。

（三）WTO 规定和中国缔结参加的国际条约

作为 WTO 文件主要组成部分的《与贸易有关的投资措施协议》（TRIMs 协定）是第一个全球性的有关国际直接投资措施方面的协议，世界贸易组织的法规对中国外商投资法律制度的约束力主要体现在立法阶段。中国还参加了《多边投资担保机构公约》和《关于解决国家和他国国民之间投资争端公约》，并加入了知识产权、司法协助等方面的国际公约及国际组织。

【风险提示】

1. 注意有关法律法规对外商投资企业的特殊规定，当与公司法冲突时，有特殊规定的，优先适用特殊规定；没有特殊规定的，适用公司法的一般规则，如传统法人型中外合作经营企业的权力机构不是股东会，而是董事会或联合管理委员会。

2. 在对外投资过程中要选择适合自己经济实力的投资方式，设立符合东道国境内的相关法律法规的企业组织形式，发生争议时选择有利于自己的争议解决方式。

3. 外商投资法第 4 条第 4 款规定："中华人民共和国缔结或者参加的国际条约、协定对外国投资者准入待遇有更优惠规定的，可以按照相关规定执行。"注意该款规定的是"可以"，而不是一定会适用。

【法条指引】

中华人民共和国宪法（节录）

第十八条 中华人民共和国允许外国的企业和其他经济组织或者个人依照中华人民共和国法律的规定在中国投资，同中国的企业或者其他经济组织进行各种形式的经济合作。

在中国境内的外国企业和其他外国经济组织以及中外合资经营的企业，都必须遵守中华人民共和国的法律。它们的合法的权利和利益受中华人民共和国法律的保护。

中华人民共和国外商投资法（节录）

第二条第一款 在中华人民共和国境内（以下简称中国境内）的外商投资，适用本法。

第十八条 县级以上地方人民政府可以根据法律、行政法规、地方性法规的规定，在法定权限内制定外商投资促进和便利化政策措施。

第三十一条　外商投资企业的组织形式、组织机构及其活动准则，适用《中华人民共和国公司法》、《中华人民共和国合伙企业法》等法律的规定。

第四十一条　对外国投资者在中国境内投资银行业、证券业、保险业等金融行业，或者在证券市场、外汇市场等金融市场进行投资的管理，国家另有规定的，依照其规定。

第二章

外商投资促进和保护

第一节　外商投资促进

【规则要点】

中国外商投资环境持续优化，政策支持力度升级，外商投资法律体系不断完善，政府采取多种措施推动外商投资管理深化改革以及多种便利外国人才的举措。

外商投资法中的投资促进措施包括提高外商投资政策的透明度、保障外商投资企业平等参与市场竞争、加强外商投资服务、依法依规鼓励和引导外商投资。

【理解与适用】

一、中国外商投资环境持续优化

外商对一个国家的投资，主要看的是一个国家的营商环境。营商环境是指伴随企业活动整个过程（包括从开办、营运到结束的各环节）的各种周围境况和条件的总和。外商环境包括影响企业活动的社会要素、经济要素、政治要素和法律要素等方面，是一项涉及经济社会改革和对外开放众多领域的系统工程。良好的外商环境是一个国家或地区经济软实力的重要体现，是一个国家或地区提高综合竞争力的重要方面，是吸引外商投资的重要条件。

（一）政策支持力度不断升级

1. 坚持对外开放的基本国策

外商投资法第3条规定：“国家坚持对外开放的基本国策，鼓励外国投资者依法在中国境内投资。国家实行高水平投资自由化便利化政策，建立和完善外商投资促进机制，营造稳定、透明、可预期和公平竞争的市场环境。”习近平总书记在十九大报告中提出，建设现代化经济体系，要推动形成全面开放新格局。十九大报告将“一带一路”建设放到了更加重要的位置，作为全面开放新格局的重点工作来抓，通过“一带一路”建设，可以同“一带一路”相关国家和地区加强经济贸易合作，加强政策沟通、人员互信，加强信息互换，加强基础设施建设等，使得中国可以利用“一带一路”建设的平台，拓展对外开放工作，广大中西部地区特别是沿边地区在“一带一路”建设中也可以变成前沿地区，有利于缩小地区差距，全方位提升开放水平。“一带一路”建设在未来开放的版图上具有极其重要的地位。

习近平总书记在多个国际场合表达了中国引进外资政策的“三个不会变”：一是引进外资的政策不会变；二是鼓励外商发展、提供保障服务的政策不会变；三是提供环境支持的政策不会变。李克强总理也多次提出，将营造更加公平、更为透明、更可预期的投资环境，中国要始终成为富有吸引力的外商投资热土。

2. 持续扩大对外开放力度

2018年，中国政府深入推进外资领域“放管服”改革，大力推进准入前国民待遇加负面清单管理制度，大幅放宽外商投资准入，加大外商权益保护，改善投资营商环境，鼓励外商在中国长期持续投资经营，利用外资规模稳定增长，质量和水平稳步提升。

2017年8月发布的《国务院关于促进外资增长若干措施的通知》，以进一步提升中国外商投资环境法治化、国际化、便利化水平为出发点，以促进外资增长、提高利用外资质量为目标，围绕减少外资准入限制、制定财税支持政策、完善国家级开发区综合投资环境、便利人才出入境、优化营商环境五个方面，提出了具有极强针对性、操作性的22项措施。这些措施引起了国内外广泛关注，社会各界普遍欢迎，有力提振了外国投资者投资信心。2018 年 6 月发布的《国务院关于积极有效利用外资推动经济高质量发展若干措施的通知》，出发点是要营造公平透明便利的、更有吸引力的投资环境，借鉴国际通行引资政策框架，从投资自由化、投资便利化、投资促进、投资保护、优化区域开放布局、推动国家级开发区创新提升这六个方面提出具体措施。

3. 政府推动外商投资管理深化改革

推进对外商投资全面实施准入前国民待遇加负面清单管理模式，简化外商投资项目管理程序和外商投资企业设立、变更管理程序。推进审批环节并联办理，缩短海关登记、申领发票等环节办理时间。加大电子政务建设力度，推行一口受理、限时办结、进度可查询，提升外商投资管理信息化水平。推进自由贸易试验区建设，在更大范围推广复制经验。

（二）经济实力增强，营商环境改善

中国外资吸引的规模保持平稳，结构不断优化，主要是由于两个方面的因素：一是中国经济比较好的增长，中国的社会比较平稳，提供了一个好的投资环境；二是中国的国内市场是一个非常大的、有潜力的市场，具有很强的吸引力。《2019 年世界投资报告》统计显示，2018 年中国以 1390 亿美元的外商投资流入量位列全球第二大外商投资目的国，与排名第一的美国 2520 亿美元外商投资流入量之间的差距进一步缩小，继续位列发展中国家首位，稳居最具吸引力投资目的地。

二、外商投资法律法规不断完善

2015 年 10 月 28 日发布的《商务部关于修改部分规章和规范性文件的决定》，取消外商投资领域对于注册资本、出资期限、首次出资比例和货币出资比例的限制或要求，将对外商在境内投资实务产生重要的积极影响。2016 年 9 月 3 日发布的《全国人民代表大会常务委员会关于修改〈中华人民共和国外资企业法〉等四部法律的决定》对三部基本投资法中不涉及国家规定的外商投资准入特别管理措施的外商投资企业的设立及变更，由审批改为备案管理，国家规定的准入特别管理措施由国务院发布或者批准发布，推动中国外商投资企业设立变更由“全面审批制”到“备案管理 + 特别管理措施”的转变。

2019 年 3 月 15 日通过的外商投资法将作为针对外商投资的基础性法律而存在。中国对外商投资的法律制度越来越完善，将逐步减少法律法规之间冲突和不协调的部分，统一外商投资企业组织形式，保障外商投资企业平等参与市场竞争等，建立起一个从上到下完备的调整外商投资的法律体系。同时，外商投资法规定，制定与外商投资有关的法律、法规、规章，应当采取适当方式征求外商投资企业的意见和建议，提高外商投资政策的透明度，更好地为外商投资企业提供管理和服务。

三、便利人才出入境

第一是完善外国人才引进制度。

2017 年 4 月 1 日起，在全国实施外国人来华工作许可制度，采用“告知 + 承诺”“容缺受理”等方式，为外国人才办理工作许可提供便利。随着外国人来华工作许可制度全面实施，“外国专家来华工作许可”和“外国人入境就业许可”整合为“外国人来华工作许可”，外国人来华工作由原申办外国专家证、外国人就业证改为统一申办外国人工作许可证。未来，在华长期工作的外国人持有的新版《外国人工作许可证》还将实现一人一码、终身不变，动态管理记录其工作管理、服务、信用记录等情况。

第二是积极引进国际高端人才。

2017 年 7 月 12 日召开的国务院常务会议决定，简化外国高层次人才办理在华工作许可和居留证件程序，开展安居保障、子女入学和医疗保健等服务“一卡通”试点。外国留学生创业凭高校毕业证等可申请居留许可。实施留学人员回国创业创新启动支持计划，推动来内地创业的港澳同胞和回国（来华）创业的华侨华人同等享受当地公共服务。

根据《国务院关于积极有效利用外资推动经济高质量发展若干措施的通知》规定，中国境内注册企业选聘的外国人才，符合外国人才签证实施办法规定条件的，可凭外国高端人才确认函向驻外使馆、领馆或者外交部委托的其他驻外机构申请 5—10 年有效、多次入境，每次停留期限不超过 180 天的人才签证，免除签证费和急件费，可在 2 个工作日内获发签证。

四、外商投资法中的投资促进措施

为了积极促进外商投资，外商投资法在“总则”一章中规定，国家坚持对外开放的基本国策，鼓励外国投资者依法在中国境内投资；国家实行高水平投资自由化便利化政策，建立和完善外商投资促进机制，营造稳定、透明、可预期和公平竞争的市场环境。同时，设“投资促进”专章，主要包括以下内容：

一是提高外商投资政策的透明度。

外商投资法第10条规定，制定与外商投资有关的法律、法规、规章，应当采取适当方式征求外商投资企业的意见和建议；与外商投资有关的规范性文件、裁判文书等，应当依法及时公布。也就是说，外商投资企业可以在有关外商投资法律法规或者政策制定中，表达有关自己切身利益的意见和建议。

二是保障外商投资企业平等参与市场竞争。

外商投资法第9条、第15条、第16条等都体现了外商投资企业平等参与、内外资规则一致的精神。国家支持企业发展的各项政策同样适用于外商投资企业，保障外商投资企业能够平等参与市场竞争；外商投资企业与内资企业享有平等参与标准制定工作的权利；外商投资企业与内资企业享有公平竞争参与政府采购活动的权利，给外商投资企业创作了良好的营商环境，体现了外商投资在准入后享受国民待遇，国家对内资和外资的监督管理，适用相同的法律制度和规则。

三是加强外商投资服务。

外商投资法第11条规定，国家建立健全外商投资服务体系，为外国投资者和外商投资企业提供法律法规、政策措施、投资项目信息等方面的咨询和服务。第19条规定，各级人民政府及其有关部门应当按照便利、高效、透明的原则，进一步提高外商投资服务水平。有关主管部门应当编制和公布外商投资指引，为外国投资者和外商投资企业提供服务和便利。比如，国务院、商务部和工商登记管理部门的有关规定，为外商投资企业的设立和变更，提供了很大的便利。

四是依法依规鼓励和引导外商投资。

外商投资法第12条、第13条、第14条、第18条规定了国家对外商投资的优惠政策。具体而言，国家与其他国家和地区、国际组织建立多边、双边投资促进合作机制，加强投资领域的国际交流与合作；国家根据需要，设立特殊经济区域，或者在部分地区实行外商投资试验性政策措施，促进外商投资，扩大对外开放；国家根据国民经济和社会发展需要，鼓励和引导外国投资者在特定行业、领域、地区投资，并可以依照法律、行政法规或者国务院的规定给予优惠；县级以上地方人民政府可以根据法律、行政法规、地方性法规的规定，在法定权限内制定外商投资促进和便利化政策措施。

【风险提示】

外商投资法第 14 条将给予外国投资者的优惠待遇限定为法律、行政法规或国务院有明确规定的情形，可以理解为国家部委及地方立法机构或政府均无权在没有上位法的基础上通过部门规章、地方性法规或地方政府规章等制定针对特定行业、领域或地区给予外国投资者的优惠政策，只能在授权的范围内给予优惠政策。这意味着此规定将改变之前各地为了吸引外资“五花八门”的“超国民待遇”措施之乱象，外国投资者和外商投资企业在考察投资地点的时候也应该注意当地的政策的合法性和合规性。

【法条指引】

中华人民共和国外商投资法（节录）

第十条 制定与外商投资有关的法律、法规、规章，应当采取适当方式征求外商投资企业的意见和建议。

与外商投资有关的规范性文件、裁判文书等，应当依法及时公布。

第十一条 国家建立健全外商投资服务体系，为外国投资者和外商投资企业提供法律法规、政策措施、投资项目信息等方面的咨询和服务。

第十二条 国家与其他国家和地区、国际组织建立多边、双边投资促进合作机制，加强投资领域的国际交流与合作。

第十三条 国家根据需要，设立特殊经济区域，或者在部分地区实行外商投资试验性政策措施，促进外商投资，扩大对外开放。

第十四条 国家根据国民经济和社会发展需要，鼓励和引导外国投资者在特定行业、领域、地区投资。外国投资者、外商投资企业可以依照法律、行政法规或者国务院的规定享受优惠待遇。

第十六条 国家保障外商投资企业依法通过公平竞争参与政府采购活动。政府采购依法对外商投资企业在中国境内生产的产品、提供的服务平等对待。

第十八条 县级以上地方人民政府可以根据法律、行政法规、地方性法规的规定，在法定权限内制定外商投资促进和便利化政策措施。

第十九条 各级人民政府及其有关部门应当按照便利、高效、透明的原则，简化办事程序，提高办事效率，优化政务服务，进一步提高外商投资服务水平。

有关主管部门应当编制和公布外商投资指引，为外国投资者和外商投资企业提供服务和便利。

第二节 外商投资保护

【规则要点】

中国对外国投资者的投资，原则上不征收、征用，除非为了公共利益的需要。征收征用应依照法定程序，并及时给予公平、合理的补偿；外国投资者对中国境内的出资、利润等款项享有汇入汇出自由；国家保护外国投资者和外商投资企业的知识产权；非经法律、行政法规规定，不得减损外商投资企业的合法权益或者增加其义务；地方政府不得随意推翻向外国投资者、外商投资企业依法作出的政策承诺以及依法订立的各类合同；建立外商投资企业投诉工作机制；保障外商依法成立和参与商会的权利。

【理解与适用】

一、外商投资保护概述

外商投资保护主要是指中国政府对于外国投资者包括外国公司、企业或者其他经济组织以及个人在中国进行投资活动所提供的法律保障。对外国投资者的法律保护既是中国政府改善外商投资环境的一个重要组成部分，也是外国投资者最为关注和敏感的问题。中国政府依法保护外国投资者在中国的投资，以及通过投资产生利润和收益，外国投资者的合法财产受到中国法律的保护，任何人不得侵犯。《中华人民共和国物权法》保证和确认了外国投资者合法财产的所有权以及相关的占有、使用、收益和处分的权利。

为了加强对外商投资合法权益的保护，外商投资法在“总则”一章中规定，国家依法保护外国投资者在中国境内的投资、收益和其他合法权益。同时，设“投资保护”专章，主要包括：国家对外国投资者的投资原则上不实行征收，除非为了公共利益的需要，依照法定程序，并及时给予公平、合理的补偿；外国投资者对中国境内的出资、利润等款项享有汇入汇出自由；国家保护外国投资者和外商投资企业的知识产权；强化对制定涉及外商投资规范性文件的约束，非经法律、行政法规规定，不得减损外商投资企业的合法权益或者增加其义务；促使地方政府守约践诺，不得随意推翻向外国投资者、外商投资企业依法作出的政策承诺以及依法订立的各类合同；建立外商投资企业投诉工作机制；保障外商依法成立和参与商会的权利等内容。

二、加强对外商投资企业的产权保护

（一）原则上不征收、征用，必要时公平合理补偿

外商投资法第 20 条规定，国家对外国投资者的投资不实行征收。在特殊情况下，国家为了公共利益的需要，可以依照法律规定对外国投资者的投资实行征收或者征用。征收、征用应当依照法定程序进行，并及时给予公平、合理的补偿。为了维护外商的合法利益和保护在中国的投资所得，中国在一般情况下不会对外商投资企业实行国有化，不会对外国投资者投资实行征收，但是在特殊情况下，根据公共利益的需要，对被征收、征用的外国投资者的投资和外商投资企业可以按照法定程序实行征收、征用，但是要给予相应的补偿。对于补偿的标准，主要依照下列原则执行：

第一，应当迅速并及时地给予补偿；

第二，补偿支付的货币应当是可兑换的和可自由转移的，即合法有效的补偿；

第三，补偿金额应当符合宣布征收时被征收企业的投资的价值。

就补偿标准而言，外商投资法规定对于征收应当给予“公平、合理”

的补偿，相比中外合资经营企业法等法律规定中的“相应补偿”加大了对于外商投资的保护程度。

（二）依法保护外国投资者合法利益汇入汇出自由

外商投资法第 21 条规定，外国投资者在中国境内的出资、利润、资本收益、资产处置所得、知识产权许可使用费、依法获得的补偿或者赔偿、清算所得等，可以依法以人民币或者外汇自由汇入、汇出。外商投资法明确规定了外国投资者可以向境外转出的财产类型，增加了“出资”“资本收益”“依法获得的补偿或者赔偿”等项目，并明确列举了“知识产权许可使用费”，扩大了范围；并特别强调了外汇项目的“自由转出”，而且不仅可以自由汇出，还可以自由汇入。外商投资法对此进一步明确，有助于提升外国投资者信心、促进外商投资。

外国投资者来华投资的目的就是获得利润，然后将投资所得汇回本国，外国投资者对于在中国境内合法获得的利润有支配权。外国投资者可以通过中国境内银行按照中国外汇管理条例将利润汇往境外，也可以将所得利润用于在中国境内的再投资。对于外商投资企业的外籍职工的工资收入和其他收入，在中国依法缴税后，可以向中国境内银行申请全部汇出。

资本的流入与利润的汇出既涉及国际资本的流动，又涉及资本输入国的外汇管理。外汇管理是一国政府授权国家的货币金融当局或其他机构的收支、买卖、借贷、转移及国际间结算、外汇汇率和外汇市场等行为的管制行为。中国是外汇管制国家，境外机构、境外个人在境内的外汇收支或者外汇经营活动适用外汇管理条例及其他相关的外汇管理规定，境外机构、境外个人在境内直接投资，经有关主管部门批准后，应当到外汇管理机关办理登记。外商投资企业在银行办理外汇登记后，可在银行开立资本金账户。涉及外商投资准入特别管理措施的企业，有关交易须经商务主管部门批准，外国投资者清算撤资或转股所得资金在银行办理外汇登记后可以购汇汇出；其他企业适用备案制管理，办理商务备案手续后即可办理外汇登记及汇出。违反中国外汇管理规定的，将要承担相应的行政责任或刑事责任。

（三）增强外商投资知识产权保护

中国在不断完善外商投资企业知识产权保护。在立法层面，中国的著作权法及其实施条例、商标法及其实施条例、专利法及其实施细则、反不正当竞争法等，这些法律法规一定程度上保护了外国投资者和外商投资企业的知识产权。另外，《国务院关于积极有效利用外资推动经济高质量发展若干措施的通知》提出了推进专利法等相关法律法规的修订，严厉打击侵权假冒、侵犯商业秘密、商标恶意抢注等行为，大幅提高知识产权侵权法定的赔偿上限、完善中央和地方层面外商投资企业投诉工作机制等举措。

外商投资法仅用了7个条文规定对外资的保护措施，却用单独的条款明确对知识产权的保护，回应了国内外企业对知识产权保护的关注，也体现了中国对保护知识产权的高度重视。外商投资法第22条规定，国家保护外国投资者和外商投资企业的知识产权，保护知识产权权利人和相关权利人的合法权益；对知识产权侵权行为，严格依法追究法律责任。国家鼓励在外商投资过程中基于自愿原则和商业规则开展技术合作。技术合作的条件由投资各方遵循公平原则平等协商确定。行政机关及其工作人员不得利用行政手段强制转让技术。

在执法层面上，政府有关部门针对网络侵权盗版、侵犯专利权、侵犯商标专用权等知识产权问题开展集中整治，强化司法保护和行政执法，加大对侵权违法行为的惩治力度。完善加大执法力度，把违法成本显著提上去，把法律威慑作用充分发挥出来，保护在华外资企业的合法知识产权。

不仅专利权、商标权、著作权等知识产权能够得到保护，商业秘密也在保护的范围内。外商投资法还规定了行政机关及其工作人员的保密义务，对于履行职责过程中知悉的外国投资者、外商投资企业的商业秘密，应当依法予以保密，不得泄露或者非法向他人提供。如果违反，依法给予处分；构成犯罪的，依法追究刑事责任。行政机关及其工作人员应当就履行职责过程中获取的商业秘密等为当事人保密虽然是依法行政的应有之义，现行法律中也不乏针对各个行政领域的类似规定，但是以法律的形式专门对外国投资者、外商投资企业的商业秘密保护作出规定尚属首次。这一规定，足见中国政府对于外商投资者及外商投资企业商业秘密保护的重视，与知识产权保护相结合，必可为中国的外商投资领域营造更加完善的智力成果保护环境。

三、强化对制定涉及外商投资规范性文件的约束

外商投资法第24条规定，各级人民政府及其有关部门制定涉及外商投资的规范性文件，应当符合法律法规的规定；没有法律、行政法规依据的，不得减损外商投资企业的合法权益或者增加其义务，不得设置市场准入和退出条件，不得干预外商投资企业的正常生产经营活动。将政府对外商投资的干预（如减损权益、增加义务、设置市场准入和退出条件等）限制在有“法律、行政法规依据”的前提下。这意味国家部委及地方立法机构或政府均无权在没有上位法的基础上通过部门规章、地方性法规或地方政府规章等对外商投资进行干涉或限制。

四、促使地方政府守约践诺

外商投资法第25条规定，地方各级人民政府及其有关部门应当履行向外国投资者、外商投资企业依法作出的政策承诺以及依法订立的各类合同；因国家利益、社会公共利益需要改变政策承诺、合同约定的，应当依照法定权限和程序进行，并依法对外国投资者、外商投资企业因此受到的损失予以补偿。外国投资者、外商投资企业对政府的承诺具有合理信赖，如果政府违约，应当补偿投资者的信赖利益损失。

作为外商投资者，应当注意以下几点：

1. 县级以上人民政府可以依法在法定权限内制定优惠政策；

2. 地方政府制定外商投资规范性文件，应符合法律规定，且不得低于或减损法律的规定；

3. 地方政府和部门应当履行依法作出的承诺和签订的合同；

4. 改变承诺和合同约定应是因国家利益和社会公共利益所需，且须根据法定程序进行；

5. 如果改变承诺和合同约定的，应补偿外国投资者和外商投资企业的损失。

五、建立外商投资企业投诉工作机制

为及时处理解决外商投资企业遇到的问题和诉求，中国将完善中央层面的外商投资企业投诉工作部际联席会议制度，建立健全各省外商投资企

业投诉工作机制。外商投资法第 26 条规定，国家建立外商投资企业投诉工作机制，协调完善外商投资企业投诉工作中的重大政策措施，及时处理外商投资企业或者其投资者反映的问题；外商投资企业或者其投资者认为行政机关及其工作人员的行政行为侵犯其合法权益的，可以通过外商投资企业投诉工作机制申请解决。明确通过投诉工作机制不能解决的，外商投资企业可以依法申请行政复议或提起行政诉讼。

六、保障外商依法成立和参与商会的权利

外商投资企业可以依法成立和自愿参加商会、协会。商会、协会依照法律法规和章程的规定开展相关活动，维护会员的合法权益。比如，中国外商投资企业协会、中国欧盟商会、中国美国商会等，以及各地区的商会和协会，外商投资企业可以自愿参加。

中国外商投资企业协会于 1987 年 11 月在北京创立，是由商务部主管，在民政部登记注册，由在中国大陆的外商投资企业以及香港、澳门、台湾同胞和海外侨胞投资企业为主，联合组成的全国性不以赢利为目的的社会团体。

中国欧盟商会是 2000 年 10 月 19 日由 51 家会员公司成立的非政府非盈利性组织，其目的是应欧盟及其在华企业的需要，表达不同商业领域的公司或者企业在中国的共同呼声。

中国美国商会是一家非营利、非政府组织。商会会员超过 3300 人，代表着 900 家在华运营的外资企业。商会在整个中国地区的使命是，通过为会员提供政策咨询、信息共享、会员联谊以及商务支持服务，协助美国企业取得在华业务的成功。中国美国商会是唯一获得官方认证的、代表美国在中国大陆企业的商会。

【风险提示】

外商投资法第 21 条规定使用了“自由”汇出的字眼，不少外国投资者理解为其收益可以没有约束地兑换成外汇汇出。该解读忽略了本条规定中“依法”的含义，所谓“依法”，按现行法律，就是指外国投资者经过合法审批或登记后，汇入其出资和汇出其收益。

【法条指引】

中华人民共和国外商投资法（节录）

第二十条 国家对外国投资者的投资不实行征收。

在特殊情况下，国家为了公共利益的需要，可以依照法律规定对外国投资者的投资实行征收或者征用。征收、征用应当依照法定程序进行，并及时给予公平、合理的补偿。

第二十一条 外国投资者在中国境内的出资、利润、资本收益、资产处置所得、知识产权许可使用费、依法获得的补偿或者赔偿、清算所得等，可以依法以人民币或者外汇自由汇入、汇出。

第二十二条 国家保护外国投资者和外商投资企业的知识产权，保护知识产权权利人和相关权利人的合法权益；对知识产权侵权行为，严格依法追究法律责任。

国家鼓励在外商投资过程中基于自愿原则和商业规则开展技术合作。技术合作的条件由投资各方遵循公平原则平等协商确定。行政机关及其工作人员不得利用行政手段强制转让技术。

第二十三条 行政机关及其工作人员对于履行职责过程中知悉的外国投资者、外商投资企业的商业秘密，应当依法予以保密，不得泄露或者非法向他人提供。

第二十四条 各级人民政府及其有关部门制定涉及外商投资的规范性文件，应当符合法律法规的规定；没有法律、行政法规依据的，不得减损外商投资企业的合法权益或者增加其义务，不得设置市场准入和退出条件，不得干预外商投资企业的正常生产经营活动。

第二十五条 地方各级人民政府及其有关部门应当履行向外国投资者、外商投资企业依法作出的政策承诺以及依法订立的各类合同。

因国家利益、社会公共利益需要改变政策承诺、合同约定的，应当依照法定权限和程序进行，并依法对外国投资者、外商投资企业因此受到的损失予以补偿。

第二十六条 国家建立外商投资企业投诉工作机制，及时处理外商投资企业或者其投资者反映的问题，协调完善相关政策措施。

外商投资企业或者其投资者认为行政机关及其工作人员的行政行为侵犯其合法权益的，可以通过外商投资企业投诉工作机制申请协调解决。

外商投资企业或者其投资者认为行政机关及其工作人员的行政行为侵犯其合法权益的，除依照前款规定通过外商投资企业投诉工作机制申请协调解决外，还可以依法申请行政复议、提起行政诉讼。

第二十七条　外商投资企业可以依法成立和自愿参加商会、协会。商会、协会依照法律法规和章程的规定开展相关活动，维护会员的合法权益。

第三章

外商投资管理

第一节 外商投资管理制度概述

【规则要点】

对于外商投资项目核准、备案，法定许可，企业组织形式与机构，劳动保护、社会保险、税收、会计、外汇等事宜，经营者应依照中国相关法律进行。外国投资者、外商投资企业应当按照外商投资信息报告制度的要求报送投资信息，否则要承担相应的法律责任。

【理解与适用】

一、外商投资管理概述

作为一个主权国家，中国有权对其境内的外商投资进行管理和规制，这也是全球经济一体化形势下国家经济主权的表现，有利于在维护本国经济安全的基础上吸引和利用外资，发挥外资的积极作用，限制其消极作用。外商投资法设置专章“投资管理”，对外商投资的准入前国民待遇和负面清单制度，企业的组织形式与机构设置、税收、会计、外汇、经营者集中、信息报告和安全审查等各个方面外商投资管理制度进行了规定。但是，通过对外商投资法具体条文的解读可以看出，该法只是一个针对外商投资的基础性法律，在外商投资管理制度上，没有规定具体的实施细则，仅对外商投资管理作出了一些指引性、衔接性规定。同时，初步建立外商投资信息报告制度，对安全审查进行了原则性的规定。

中国虽然采取很多对于外商投资的优惠政策，但是需要注意的是，任何国家或者地区在投资方面对中华人民共和国采取歧视性的禁止、限制或者其他类似措施的，中华人民共和国可以根据实际情况对该国家或者该地区采取相应的措施。

二、监督管理按照内外资一致原则

第一，外商投资需要办理项目核准、备案的按照国家有关规定执行；外国投资者在依法需要取得许可的行业、领域进行投资的，应当依法办理相关许可手续。

第二，外商投资企业的组织形式、组织机构，适用公司法、合伙企业法等法律的规定。比如，外商投资企业如果设立公司，按照公司法的规定，其最高权力机构由“董事会”变更为“股东会”，“修改合营企业章程；增加或者减少注册资本；合营企业合并、分立；合营企业的终止、解散”等重大事项决议要求由出席会议的董事一致通过变更为由2/3以上表决权的股东通过即可。不同于以往的三资企业法的特殊规定，内外资公司都由公司法来调整。

第三，外商投资企业开展生产经营活动，应当遵守中国法律、行政法规有关劳动保护、社会保险的规定；外商投资企业开展生产经营活动，应当依照中国有关法律、行政法规和有关规定办理税收、会计、外汇等事宜，并接受中国有关主管部门依法实施的监督检查。

第四，外国投资者并购中国境内企业或者以其他方式参与经营者集中的，应当依照《中华人民共和国反垄断法》的规定接受经营者集中审查。

三、建立健全外商投资信息报告制度

外商投资信息报告制度是国际通行的外商投资制度，第一次出现在中国相关法律规定中，既适应了新型外商投资管理模式的需要，也有助于中国政府更好地了解外资信息，进行外资管理。外商投资法第34条规定，国家建立外商投资信息报告制度。外国投资者或者外商投资企业应当通过企业登记系统以及企业信用信息公示系统向商务主管部门报送投资信息。比如商务部业务系统统一平台上，可以进行网上设立和备案登记。

（一）信息报告管理部门和原则

中国现行外商投资信息报告主要涉及外商投资企业或其投资者向商务主管部门报送外商投资企业设立及变更信息，以及外商投资企业报送年度投资经营信息。[①] 外商投资法第 34 条以法律的形式对于外商投资信息报告制度进行了原则性的规定，强调了信息报告的内容和范围按照“确有必要、严格控制”的原则确定，通过部门信息共享能够获得的投资信息，不得再行要求报送，这在确保对外商投资进行必要监督的前提下有助于减轻外商投资企业的负担。当然，外商投资信息报告制度未来还有待于具体的实施细则予以具化和细化。另外，在外商投资法出台之前，外商投资企业通过全国外商投资企业年度投资经营信息联合报告平台进行信息报告，但外商投资法变更了报送信息的途径，要求外国投资者或者外商投资企业应当通过企业登记系统以及企业信用信息公示系统向商务主管部门报送投资信息。

（二）法律责任

外国投资者、外商投资企业违反外商投资法规定，未按照外商投资信息报告制度的要求报送投资信息的，由商务主管部门责令限期改正；逾期不改正的，处 10 万元以上 50 万元以下的罚款。

【风险提示】

外国投资者、外商投资企业应当按照外商投资信息报告制度的要求报送投资信息，否则要承担相应的法律责任。

【法条指引】

中华人民共和国外商投资法（节录）

第二十九条 外商投资需要办理投资项目核准、备案的，按照国家有

① 参见国务院《企业信息公示暂行条例》《关于构建开放型经济新体制的若干意见》，商务部《关于进一步加强外商投资信息报告制度和信息公示平台建设有关工作的通知》对外商投资信息报告制度的规定。

关规定执行。

第三十条 外国投资者在依法需要取得许可的行业、领域进行投资的，应当依法办理相关许可手续。

有关主管部门应当按照与内资一致的条件和程序，审核外国投资者的许可申请，法律、行政法规另有规定的除外。

第三十一条 外商投资企业的组织形式、组织机构及其活动准则，适用《中华人民共和国公司法》、《中华人民共和国合伙企业法》等法律的规定。

第三十二条 外商投资企业开展生产经营活动，应当遵守法律、行政法规有关劳动保护、社会保险的规定，依照法律、行政法规和国家有关规定办理税收、会计、外汇等事宜，并接受相关主管部门依法实施的监督检查。

第三十三条 外国投资者并购中国境内企业或者以其他方式参与经营者集中的，应当依照《中华人民共和国反垄断法》的规定接受经营者集中审查。

第三十四条 国家建立外商投资信息报告制度。外国投资者或者外商投资企业应当通过企业登记系统以及企业信用信息公示系统向商务主管部门报送投资信息。

外商投资信息报告的内容和范围按照确有必要的原则确定；通过部门信息共享能够获得的投资信息，不得再行要求报送。

第二节 外资准入管理制度

【规则要点】

对外资全面实行“准入前国民待遇 + 负面清单”的管理模式：《外商投资产业指导目录（2017 年修订）》中鼓励类已被《中华人民共和国国家发展和改革委员会、中华人民共和国商务部令第 27 号——鼓励外商投资产业目录（2019 年版）》自 2019 年 7 月 30 日废止，其余仍然适用；境外投资者不得投资《自由贸易试验区外商投资准入特别管理措施（负面清单）

(2020年版)》(以下简称《自贸试验区负面清单》);《自贸试验区负面清单》对部分领域列出了取消或放宽准入限制的过渡期,过渡期满后将按时取消或放宽其准入限制。

外商投资项目有核准和备案两种方式,主要依据《外商投资信息报告办法》和《政府核准的投资项目目录(2016年本)》适用。

【理解与适用】

一、中国外资准入管理概述

(一)准入前国民待遇和负面清单的产生背景

外商投资准入管理是对外资进入中国境内投资之前设置的决定外资可否进入以及允许进入行业等条件的管理制度,是一种事前监管方式。中国长期以来对外商直接投资的市场准入实行审批制,即中国外国投资者在中国境内设立企业必须经国家或地方商务主管部门事先审批,获得批准后才能办理工商登记,领取营业执照;外商投资企业的合并、分立等重要事项变更以及延长经营期限,也需要经审批机关批准。

2013年9月29日,中国(上海)自由贸易区(以下简称为上海自贸试验区)正式挂牌,率先试行"准入前国民待遇+负面清单"的新型投资管理模式。经过3年试点期间,积累了大量"可复制可推广"的经验,中国增设了若干新的自由贸易试验区。在此基础上,全国人大常委会于2016年9月3日通过《关于修改〈中华人民共和国外资企业法〉等四部法律的决定》,对外资企业法、中外合资经营企业法、中外合作经营企业法、《中华人民共和国台湾同胞投资保护法》等4部法律进行修改,规定举办外商投资企业不涉及国家规定的准入特别管理措施的,对上述法律中规定的相关审批事项适用备案管理,从而将"准入前国民待遇+负面清单"模式正式推广到全国范围,国家规定的准入特别管理措施(即负面清单)由国务院发布或批准发布。十九大报告提出要全面实行准入前国民待遇加负面清单管理制度,体现了进一步减少外资准入限制,进一步增强投资环境的开放度、透明度、规范性的外资准入管理发展趋势。2019年3月15日发布的外商投资法在总则一章中明确规定,国家对外商投资实行准入前国民待遇加负面清单管理制度。在外商投资基础性法律上再一次确定了在全国范围内施行对外资“准入前国民待遇 + 负面清单”模式。

（二）准入前国民待遇和负面清单的含义

准入前国民待遇，是指在投资准入阶段给予外国投资者及其投资不低于本国投资者及其投资的待遇。即在企业设立、取得、扩大等阶段给予外资“准入权”和“设业权”在内的国民待遇。外商投资法引入“准入前国民待遇”，直接将国民待遇扩展到了外商投资发生和建立之前的阶段。在“准入前国民待遇 + 负面清单”的管理模式项下，意味着对于负面清单内限制类行业以外的外商投资活动（包括外商投资企业的设立与变更）不再逐案审批，大大简化了外商投资准入的流程，缩短了企业设立时间。

负面清单又称反向清单，是指国家规定在特定领域对外商投资实施的准入特别管理措施；国家对负面清单之外的外商投资，给予国民待遇。负面清单由国务院发布或者批准发布，即一国主管当局以清单形式明确列出需要对外商投资采取审批等特别管理措施的投资领域和投资项目。负面清单规定禁止投资的领域，外国投资者不得投资；负面清单规定限制投资的领域，外国投资者进行投资应当符合负面清单规定的条件。对于负面清单（特别管理措施实施目录）之外的投资领域和项目则对外国投资者和本国投资者一体对待，不再因为前者的“外国”身份而对其专门进行审批，按照内外资一致的原则实施管理。根据 2018 年《中国外商投资报告》的数据显示，在扩大对外开放的同时，中国外商投资管理体制改革取得新突破，外商投资由逐案审批制转向负面清单管理，97% 以上的外商投资企业设立通过备案完成，便利化水平大幅提升。

中华人民共和国缔结或者参加的国际条约、协定对外国投资者准入待遇有更优惠规定的，可以按照相关规定执行。

二、外商投资产业导向

（一）外商投资产业导向主要政策依据

为使外商投资企业的投资项目与中国经济和社会发展规划相适应，并有利于保护投资者的合法权益，2002 年国务院发布了《指导外商投资方向规定》，并自 2002 年 4 月 1 日起施行。根据这一规定，国家发改委、商务部等部门会不时颁布《外商投资产业指导目录》，涉及各行业以及各行业的具体项目。为全面落实准入前国民待遇加负面清单管理制度，现适用2020年国家发展和改革委员会、商务部发布的《外商投资准入特别管理措施（负面清单）（2020年版）》，以及2020年7月23日起施行的《自由贸易试验区外商投资准入特别管理措施（负面清单）（2020年版）》。

中国政府大力支持中西部地区、东北地区承接外资产业转移。2017年修订《中西部地区外商投资优势产业目录》，扩大了中西部地区鼓励外商投资产业范围。对符合条件的西部地区鼓励类产业外商投资企业实行企业所得税优惠政策；向中西部地区、东北地区转移的外商投资企业享受国家支持产业转移与加工贸易的资金、土地等优惠政策；对东部地区外商投资企业转移到中西部地区、东北地区的，人力资源社会保障部门要依申请及时办理社会保险异地转移接续。充分发挥现有财政资金作用，积极支持西部地区及东北老工业基地的国家级开发区科技创新、生态环保、公共服务等领域建设，改善招商环境，提升引资质量，承接高水平制造业转移。

（二）鼓励类外商投资项目

鼓励类条目数量基本与之前版本的产业指导目录保持不变，继续鼓励外资投向先进制造、高新技术、节能环保等领域。

根据《指导外商投资方向规定》属于下列情形之一的，列为鼓励类外商投资项目：

（1）属于农业新技术、农业综合开发和能源、交通、重要原材料工业的；

（2）属于高新技术、先进适用技术，能够改进产业性能、提高企业技术经济效益或者生产国内生产能力不足的新设备、新材料的；

（3）适应市场需求，能够提高产品档次、开拓新兴市场或者增加产品国际竞争力的；

（4）属于新技术、新设备，能够节约能源和原材料、综合利用资源和再生资源以及防治环境污染的；

（5）能够发挥中西部地区的人力和资源优势，并符合国家产业政策的；

（6）法律、行政法规规定的其他情形。

根据《鼓励外商投资产业目录（2019年版）》规定，鼓励类项目包括：

（1）农、林、牧、渔业；

（2）采矿业；

（3）制造业；

（4）电力、热气、燃料及水生产业和供应业；

（5）交通运输、仓储和邮政业；

（6）批发和零售业；

（7）信息传输、软件和技术服务业；

（8）租赁和商务服务业；

（9）科学研究和技术服务业；

（10）水利、环境和公共设施管理业；

（11）教育；

（12）卫生、社会工作；

（13）文化、体育和娱乐业。

需要注意的是，鼓励类增加了特殊医学用途配方食品、虚拟现实（VR）、增强现实（AR）设备、3D 打印设备及其关键零部件、城市停车设施等符合产业结构调整优化方向的项目。这一举措是为了进一步引导外资投向先进制造业、高新技术、节能环保等领域。这些变化也体现中国推行的创新驱动发展与优化产业结构调整政策的相关要求。

2019 年 6 月 30 日商务部发布了《鼓励外商投资产业目录（2019 年版）》。其包括两部分：一是全国鼓励外商投资产业目录，是对前一版《外商投资产业指导目录》鼓励类的修订，适用于各省（区、市）的外商投资项目；二是中西部地区外商投资优势产业目录，是对现行《中西部地区外商投资优势产业目录》的修订，适用于中西部地区、东北地区及海南省的外商投资。外商在中西部地区、东北地区及海南省投资，享受全国鼓励外商投资产业目录和中西部地区外商投资优势产业目录的相关政策。

（三）实施特别管理措施的项目（负面清单）

1. 2019 年版外商投资准入负面清单

（1）2019 年版外商投资准入负面清单的修改亮点

2019 年版外商投资准入负面清单保持了 2018 年版的体例结构，新版外商投资准入负面清单中，删除调整涉及石油和天然气开采等行业领域；新版自贸区外商投资准入负面清单涉及农、林、牧、渔业等行业领域。

全国外商投资准入负面清单条目由48条减至40条，压减比例16.7%；自贸试验区外商投资准入负面清单条目由45条减至37条，压减比例17.8%。

（2）2019年版外商投资准入负面清单

第一，有关2019年版外商投资准入负面清单的说明。

①《自贸试验区负面清单》统一列出股权要求、高管要求等外商投资准入方面的特别管理措施，适用于自由贸易试验区。《自贸试验区负面清单》之外的领域，按照内外资一致原则实施管理。

②《自贸试验区负面清单》对部分领域列出了取消或放宽准入限制的过渡期，过渡期满后将按时取消或放宽其准入限制。

③ 境外投资者不得作为个体工商户、个人独资企业投资人、农民专业合作社成员，从事投资经营活动。

④ 境外投资者不得投资《自贸试验区负面清单》中禁止外商投资的领域；投资《自贸试验区负面清单》之内的非禁止投资领域，须进行外资准入许可；投资有股比要求的领域，不得设立外商投资合伙企业。

⑤ 境内公司、企业或自然人以其在境外合法设立或控制的公司并购与其有关联关系的境内公司，涉及外商投资项目和企业设立及变更事项的，按照现行规定办理。

⑥《自贸试验区负面清单》中未列出的文化、金融等领域与行政审批、资质条件、国家安全等相关措施，按照现行规定执行。

⑦《内地与香港关于建立更紧密经贸关系的安排》及其后续协议、《内地与澳门关于建立更紧密经贸关系的安排》及其后续协议、《海峡两岸经济合作框架协议》及其后续协议、我国与有关国家签订的自由贸易区协议和投资协定、我国参加的国际条约对符合条件的投资者有更优惠开放措施的，按照相关协议或协定的规定执行。

⑧《自贸试验区负面清单》由发展改革委、商务部会同有关部门负责解释。

第二，2019年版外商投资负面清单的具体项目。

自由贸易试验区外商投资准入特别管理措施（负面清单）（2019年版）

序号	特别管理措施
一、农、林、牧、渔业	
1	小麦、玉米新品种选育和种子生产的中方股比不低于34%。
2	禁止投资中国稀有和特有的珍贵优良品种的研发、养殖、种植以及相关繁殖材料的生产（包括种植业、畜牧业、水产业的优良基因）。
3	禁止投资农作物、种畜禽、水产苗种转基因品种选育及其转基因种子（苗）生产。
二、采矿业	
4	禁止投资稀土、放射性矿产、钨勘查、开采及选矿。（未经允许，禁止进入稀土矿区或取得矿山地质资料、矿石样品及生产工艺技术。）
三、制造业	
5	禁止投资中药饮片的蒸、炒、炙、煅等炮制技术的应用及中成药保密处方产品的生产。
6	除专用车、新能源汽车外，汽车整车制造的中方股比不低于50%，同一家外商可在国内建立两家及两家以下生产同类整车产品的合资企业。（2020年取消商用车制造外资股比限制。2022年取消乘用车制造外资股比限制以及同一家外商可在国内建立两家及两家以下生产同类整车产品的合资企业的限制）
7	卫星电视广播地面接收设施及关键件生产。
四、电力、热力、燃气及水生产和供应业	
8	核电站的建设、经营须由中方控股。
9	城市人口50万以上的城市供排水管网的建设、经营须由中方控股。
五、批发和零售业	
10	禁止投资烟叶、卷烟、复烤烟叶及其他烟草制品的批发、零售。

续表

序号	特别管理措施
六、交通运输、仓储和邮政业	
11	国内水上运输公司须由中方控股。（且不得经营或租用中国籍船舶或者舱位等方式变相经营国内水路运输业务及其辅助业务；水路运输经营者不得使用外国籍船舶经营国内水路运输业务，但经中国政府批准，在国内没有能够满足所申请运输要求的中国籍船舶，并且船舶停靠的港口或者水域为对外开放的港口或者水域的情况下，水路运输经营者可以在中国政府规定的期限或者航次内，临时使用外国籍船舶经营中国港口之间的海上运输和拖航。）
12	公共航空运输公司须由中方控股，且一家外商及其关联企业投资比例不得超过25%，法定代表人须由中国籍公民担任。（只有中国公共航空运输企业才能经营国内航空服务，并作为中国指定承运人提供定期和不定期国际航空服务。）
13	通用航空公司的法定代表人须由中国籍公民担任，其中农、林、渔业通用航空公司限于合资，其他通用航空公司限于中方控股。
14	民用机场的建设、经营须由中方相对控股。
15	禁止投资空中交通管制。
16	禁止投资邮政公司（和经营邮政服务）、信件的国内快递业务。
七、信息传输、软件和信息技术服务业	
17	电信公司：限于中国入世承诺开放的电信业务，增值电信业务的外资股比不超过50%（电子商务、国内多方通信、存储转发类、呼叫中心除外），基础电信业务须由中方控股（且经营者须为依法设立的专门从事基础电信业务的公司）。上海自贸试验区原有区域（28.8平方公里）试点政策推广至所有自贸试验区执行。
18	禁止投资互联网新闻信息服务、网络出版服务、网络视听节目服务、互联网文化经营（音乐除外）、互联网公众发布信息服务（上述服务中，中国入世承诺中已开放的内容除外）。

续表

序号	特别管理措施
八、金融业	
19	证券公司的外资股比不超过51%，证券投资基金管理公司的外资股比不超过51%。（2021年取消外资股比限制）
20	期货公司的外资股比不超过51%。（2021年取消外资股比限制）
21	寿险公司的外资股比不超过51%。（2021年取消外资股比限制）
九、租赁和商务服务业	
22	禁止投资中国法律事务（提供有关中国法律环境影响的信息除外），不得成为国内律师事务所合伙人。（外国律师事务所只能以代表机构的方式进入中国，且不得聘用中国执业律师，聘用的辅助人员不得为当事人提供法律服务；如在华设立代表机构、派驻代表，须经中国司法行政部门许可。）
23	市场调查限于合资、合作，其中广播电视收听、收视调查须由中方控股。
24	禁止投资社会调查。
十、科学研究和技术服务业	
25	禁止投资人体干细胞、基因诊断与治疗技术开发和应用。
26	禁止投资人文社会科学研究机构。
27	禁止投资大地测量、海洋测绘、测绘航空摄影、地面移动测量、行政区域界线测绘，地形图、世界政区地图、全国政区地图、省级及以下政区地图、全国性教学地图、地方性教学地图、真三维地图和导航电子地图编制，区域性的地质填图、矿产地质、地球物理、地球化学、水文地质、环境地质、地质灾害、遥感地质等调查。
十一、教育	
28	学前、普通高中和高等教育机构限于中外合作办学，须由中方主导[校长或者主要行政负责人应当具有中国国籍（且在中国境内定居），理事会、董事会或者联合管理委员会的中方组成人员不得少于1/2]。[外国教育机构、其他组织或者个人不得单独设立以中国公民为主要招生对象的学校及其他教育机构（不包括非学制类职业技能培训），但是外国教育机构可以同中国教育机构合作举办以中国公民为主要招生对象的教育机构。]

续表

序号	特别管理措施
29	禁止投资义务教育机构、宗教教育机构。
十二、卫生和社会工作	
30	医疗机构限于合资、合作。
十三、文化、体育和娱乐业	
31	禁止投资新闻机构（包括但不限于通讯社）。（外国新闻机构在中国境内设立常驻新闻机构、向中国派遣常驻记者，须经中国政府批准。外国通讯社在中国境内提供新闻的服务业务须由中国政府审批。中外新闻机构业务合作，须中方主导，且须经中国政府批准。）
32	禁止投资图书、报纸、期刊、音像制品和电子出版物的编辑、出版、制作业务。（但经中国政府批准，在确保合作中方的经营主导权和内容终审权并遵守中国政府批复的其他条件下，中外出版单位可进行新闻出版中外合作出版项目。未经中国政府批准，禁止在中国境内提供金融信息服务。）
33	禁止投资各级广播电台（站）、电视台（站）、广播电视频道（率）、广播电视传输覆盖网（发射台、转播台、广播电视卫星、卫星上行站、卫星收转站、微波站、监测台及有线广播电视传输覆盖网等），禁止从事广播电视视频点播业务和卫星电视广播地面接收设施安装服务。（对境外卫星频道落地实行审批制度。）
34	禁止投资广播电视节目制作经营（含引进业务）公司。[引进境外影视剧和以卫星传送方式引进其他境外电视节目由广电总局指定的单位申报。对中外合作制作电视剧（含电视动画片）实行许可制度。]
35	禁止投资电影制作公司、发行公司、院线公司以及电影引进业务。（但经批准，允许中外企业合作摄制电影。）
36	禁止投资文物拍卖的拍卖公司、文物商店和国有文物博物馆。（禁止不可移动文物及国家禁止出境的文物转让、抵押、出租给外国人。禁止设立与经营非物质文化遗产调查机构；境外组织或个人在中国境内进行非物质文化遗产调查和考古调查、勘探、发掘，应采取与中国合作的形式并经专门审批许可。）
37	文艺表演团体须由中方控股。

从表中可以看出，本次修订在交通运输、增值电信、基础设施、文化等服务业领域，以及制造业、采矿业、农业领域均推出了新的开放措施，在更多领域允许外资控股或独资经营。如：交通运输领域，取消国内船舶代理须由中方控股的限制。基础设施领域，取消 50 万人口以上城市燃气、热力管网须由中方控股的限制。文化领域，取消电影院、演出经纪机构须由中方控股的限制。增值电信领域，取消国内多方通信、存储转发、呼叫中心 3 项业务对外资的限制。

同时，放宽农业、采矿业、制造业准入。农业领域，取消禁止外商投资野生动植物资源开发的规定。采矿业领域，取消石油天然气勘探开发限于合资、合作的限制，取消禁止外商投资钼、锡、锑、萤石勘查开采的规定。制造业领域，取消禁止外商投资宣纸、墨锭生产的规定。

此外，继续发挥自贸试验区开放“试验田”作用。2018 年版自贸试验区外资准入负面清单试点的演出经纪机构、石油天然气勘探开发等开放措施推向全国。本次修订，在全国开放措施的基础上，取消了水产品捕捞、出版物印刷等领域对外资的限制，继续进行扩大开放先行先试。

2. 内资主体市场准入负面清单的适用规则

根据国家发展改革委、商务部于 2018 年 12 月 21 日发布并于同日生效的《市场准入负面清单》，国家要推进“全国一张清单”管理模式。根据《市场准入负面清单》，对清单所列禁止准入事项，严格禁止市场主体进入，不得办理有关手续；对清单所列许可准入事项，需要市场主体提出申请的，行政机关应当依法依规作出是否予以准入的决定，需要具备资质条件或履行规定程序的，行政机关应当指导监督市场主体依照政府规定的准入条件和准入方式合规进入；清单以外的行业、领域、业务等，不得设置市场准入审批事项，各类市场主体皆可依法平等进入。对于内资主体而言，还应当适用《产业结构调整指导目录》中未经《市场准入负面清单》调整的部分。如果适用内外资一致管理的原则，适用内资的准入许可制度同样适用于外商投资企业。

三、外商投资审批与备案管理

（一）外商投资信息报告制度

1. 适用范围

根据 2016 年 9 月 3 日全国人大常委会修正的外资企业法第 23 条、中外合资经营企业法第15条、中外合作经营企业法第25条，不涉及国家规定实施准入特别管理措施的外商投资企业设立及变更事项，由审批改为备案管理，但要将相关信息依法进行报告。商务部、国家市场监督管理总局在2019年12月30日发布的《外商投资信息报告办法》中，对外商投资信息报告作出了具体规定。根据《外商投资信息报告办法》规定，外国投资者直接或者间接在中国境内进行投资活动，应由外国投资者或者外商投资企业根据该办法通过企业登记系统以及国家企业信用信息公示系统向商务主管部门报送投资信息。

2. 信息报告的管理机关

商务部负责统筹和指导全国范围内外商投资信息报告工作。县级以上地方人民政府商务主管部门以及自由贸易试验区、国家级经济技术开发区的相关机构负责本区域内外商投资信息报告工作。国家市场监督管理总局统筹指导全国企业登记系统、国家企业信用信息公示系统建设，保障外商投资信息报告的实施。商务主管部门应当为外国投资者和外商投资企业报送投资信息提供专门指导。

3. 信息报告主体、内容

（1）信息报告主体

信息报告主体，是指在中国境内进行投资活动的外国投资者或者外商投资企业。外国投资者或者外商投资企业应当按照《外商投资信息报告办法》规定通过提交初始报告、变更报告、注销报告、年度报告等方式报送投资信息。

（2）信息报告时间

第一，初始报告时间。外国投资者在中国境内设立外商投资企业，应于办理外商投资企业设立登记时通过企业登记系统提交初始报告。外国投资者股权并购境内非外商投资企业，应在办理被并购企业变更登记时通过企业登记系统提交初始报告。

第二，变更报告时间。初始报告的信息发生变更，涉及企业变更登记（备案）的，外商投资企业应于办理企业变更登记（备案）时通过企业登记系统提交变更报告。不涉及企业变更登记（备案）的，外商投资企业应于变更事项发生后20个工作日内通过企业登记系统提交变更报告。企业根据章程对变更事项作出决议的，以作出决议的时间为变更事项的发生时间；法律法规对变更事项的生效条件另有要求的，以满足相应要求的时间为变更事项的发生时间。外商投资的上市公司及在全国中小企业股份转让系统挂牌的公司，可仅在外国投资者持股比例变化累计超过5%或者引起外方控股、相对控股地位发生变化时，报告投资者及其所持股份变更信息。

第三，年度报告时间。外商投资企业应于每年1月1日至6月30日通过国家企业信用信息公示系统提交上一年度的年度报告。当年设立的外商投资企业，自下一年起报送年度报告。

（3）信息报告内容

外国投资者提交初始报告，应当报送企业基本信息、投资者及其实际控制人信息、投资交易信息等信息。外商投资企业提交变更报告，应当报送企业基本信息、投资者及其实际控制人信息、投资交易信息等信息的变更情况。外商投资企业提交年度报告，应当报送企业基本信息、投资者及其实际控制人信息、企业经营和资产负债等信息，涉及外商投资准入特别管理措施的，还应当报送获得相关行业许可信息。

初始报告、变更报告和年度报告等的具体内容，按照确有必要原则，结合外商投资实际情况和企业登记注册、企业信息公示的有关规定确定，由商务部以公告形式对外发布。

（二）外商投资项目核准与备案

1. 实行核准制的外商投资项目的范围

根据《外商投资项目核准和备案管理办法》、《政府核准的投资项目目录（2016年本）》（以下称《核准目录》）和《外商投资产业指导目录（2017年修订）》的规定，进一步放宽了外商投资项目的核准要求，实行核准制的外商投资项目的范围为：

（1）《外商投资产业指导目录》中总投资（含增资）3亿美元及以上限制类项目，由国务院投资主管部门核准，其中总投资（含增资）20亿美元及以上项目报国务院备案；

（2）《外商投资产业指导目录》中总投资（含增资）3亿美元以下限制类项目，由省级政府核准；

（3）前两项规定之外的属于《核准目录》第1—10条所列的外商投资项目，按照《核准目录》的相应规定执行。由地方政府核准的项目，省级政府可以根据本地的实行情况具体划分地方各级政府的核准权限，制定本行政区域内统一的政府核准投资项目目录；其中由省级政府核准的项目，原则上不下放到地市级政府、一律不得下放到县级及以下政府；

（4）涉及敏感国家和地区、敏感行业的项目，由国务院投资主管部门核准。上述规定之外的中央管理企业投资项目和地方企业投资3亿美元及以上项目报国务院投资主管部门备案。

2. 审查内容

法律、行政法规和国家制定的发展规划、产业政策、总量控制目标、技术政策、准入标准、用地政策、环保政策、用海用岛政策、信贷政策等是企业开展项目前期工作的重要依据，是项目核准机关和国土资源、环境保护、城乡规划、海洋管理、行业管理等部门以及金融机构对项目进行审查的依据。环境保护部门应根据项目对环境的影响程度实行分级分类管理，对环境影响大、环境风险高的项目严格环评审批，并强化事中事后监管。

3. 外商投资项目的核准条件

（1）符合国家有关法律法规和《外商投资产业指导目录》《中西部地区外商投资优势产业目录》的规定；

（2）符合发展规划、产业政策及准入标准；

（3）合理开发并有效利用资源；

（4）不影响国家安全和生态安全；

（5）对公众利益不产生重大不利影响；

（6）符合国家资本项目管理、外债管理的有关规定。

对予以核准的项目，项目核准机关出具书面核准文件，并抄送同级行业管理、城乡规划、国土资源、环境保护、节能审查等相关部门；对不予核准的项目，应以书面说明理由，并告知项目申报单位享有依法申请行政复议或者提起行政诉讼的权利。

四、法律责任

（一）违反负面清单管理制度的法律责任

根据外商投资法第36条的规定，外国投资者投资外商投资准入负面清单规定禁止投资的领域的，由有关主管部门责令停止投资活动，限期处分股份、资产或者采取其他必要措施，恢复到实施投资前的状态；有违法所得的，没收违法所得。

外国投资者的投资活动违反外商投资准入负面清单规定的限制性准入特别管理措施的，由有关主管部门责令限期改正，采取必要措施满足准入特别管理措施的要求；逾期不改正的，依照前款规定处理。

外国投资者的投资活动违反外商投资准入负面清单规定的，除依照前两款规定处理外，还应当依法承担相应的法律责任。

（二）违反备案义务的法律责任

根据法律的有关规定，外商投资企业或其投资者违反规定，未能按期履行备案义务，或在进行备案时存在重大遗漏的，商务主管部门应责令限期改正；逾期不改正，或情节严重的，处 3 万元以下罚款。

外商投资企业或其投资者违反规定，逃避履行备案义务，在进行备案时隐瞒真实情况、提供误导性或虚假信息，或伪造、变造、出租、出借、转让《备案回执》的，商务主管部门应责令限期改正，并处 3 万元以下罚款。违反其他法律法规的，由有关部门追究相应法律责任。外商投资企业或其投资者逃避、拒绝或以其他方式阻挠商务主管部门监督检查的，由商务主管部门责令改正，可处 1 万元以下的罚款。

【风险提示】

1. 外商投资企业或其投资者违反《外商投资信息报告办法》的规定，未能按期履行备案义务，或在进行备案时存在重大遗漏的，逃避履行备案义务，在进行备案时隐瞒真实情况、提供误导性或虚假信息，或伪造、变造、出租、出借、转让《备案回执》等情况，要承担相应的法律责任。

2. 注意全国特别准入管理措施（负面清单）和自贸试验区负面清单内容的不同，尤其是不同项目股权要求、高管要求等内容；外商投资企业或其投资者在国家规定实施准入特别管理措施所列的限制或者禁止投资领域开展投资经营活动的，要承担相应的法律责任。

3. 不能将 2020 年版负面清单作为检验外商投资是否可行的唯一标准。同时适用于内外资的限制或禁止性措施不在 2020 年版负面清单中列示。因此，在外商投资过程中，核查过 2020 年版负面清单后，仍需针对个案具体研究拟进入的行业领域是否存在其他适用于所有市场参与者的法律、法规、政策性文件等的限制或要求。

【法条指引】

中华人民共和国外商投资法（节录）

第二十八条 外商投资准入负面清单规定禁止投资的领域，外国投资者不得投资。

外商投资准入负面清单规定限制投资的领域，外国投资者进行投资应当符合负面清单规定的条件。

外商投资准入负面清单以外的领域，按照内外资一致的原则实施管理。

第二十九条 外商投资需要办理投资项目核准、备案的，按照国家有关规定执行。

第三节 国家安全审查制度

【规则要点】

外资并购境内企业可能会引起对国家安全威胁，因此必须进行安全审查，外国投资者并购境内企业安全审查的主要内容包括审查对象和范围、审查内容、审查机构、审查程序。

安全审查总的原则是，对影响或可能影响国家安全、国家安全保障能力，涉及敏感投资主体、敏感并购对象、敏感行业、敏感技术、敏感地域的外商投资进行安全审查。

【理解与适用】

一、安全审查制度概述

（一）外国投资国家安全审查概念和由来

对于外商投资“安全审查”或者“国家安全审查”并无严格的法律界

定，一般认为，外国投资安全审查是以涉及“国家安全”为理由，由专门的机构和机制对归入审查范围的特定外商投资行为进行全面审查，以评估该投资行为对东道国国家安全产生的风险和影响，从而决定进行风险干预管控的专门制度。该制度由美国于20世纪70年代创设，后经过不断完善而日益成熟。国家安全审查制度由于在平衡经济利益与国家安全中发挥着重要作用，逐渐为各国政府所认可和仿效。

（二）中国的外国投资安全审查制度发展进程

为确保国家安全，规范和促进外国投资，中国建立了外商投资安全审查制度，对影响或者可能影响国家安全的外商投资进行安全审查。外商投资安全审查制度不仅规范了外商投资行为，也有利于保障国内经济安全。针对外资并购可能引起的国家安全威胁，2011年2月3日国务院办公厅发布了《关于建立外国投资者并购境内企业安全审查制度的通知》，同年8月25日商务部公布了《实施外国投资者并购境内企业安全审查制度的规定》，自2011年9月1日起实施。2015年4月8日经国务院同意，将此前仅适用于外资并购安全领域的国家安全审查，在上海、广东、天津和福建自贸试验区范围，试点实施与负面清单管理模式相适应的外商投资国家安全审查（以下简称安全审查）措施，引导外商投资有序发展，维护国家安全。但是之前有关规定，法律效力层级较低，并且仅适用于外资并购和自贸区内的安全审查，外商投资法以法律的形式再次明确了建立外商投资的国家安全审查机制，对建立外商投资安全审查制度进行了原则性规定，明确将对影响或者可能影响国家安全的外商投资进行安全审查，不仅涵盖外商并购投资，也涵盖外商新设投资，也就是从行政法规上升到法律制度的层面确认了外商投资国家安全审查制度。

但外商投资法关于国家安全审查仅仅是一个原则性的规定，并未对国家安全审查制度的具体内容，如审查范围、审查机构、考虑因素、启动方式、申请文件要求、程序及审查时限等作出具体规定，也并未明确规定违反履行国家安全审查申报义务的法律后果以及外国投资者相应的救济途径等。这些都有待未来国家安全审查配套的具体规定出台。值得注意的是，外商投资法规定依据外商投资安全审查制度作出的安全审查决定为“最终决定”，这意味着针对安全审查决定将不可提起行政复议或行政诉讼。

以下仅介绍外资并购过程中和自由贸易试验区的外商投资安全审查。

二、外国投资者并购境内企业的安全审查

（一）外资并购境内企业的安全审查要求

外资并购可能会引起的国家安全威胁大概分为3种：

第一种是该外资并购会使东道国依赖于对关键产品或服务享有控制权的外国供应商，并且此供应商有可能会不提供、延期提供或附加条件提供此关键产品。

第二种是该外资并购会导致技术或其他专业技能被转移给外国实体或外国实体所属的政府，而该外国实体或外国实体所属的政府会以一种损害东道国国家利益的方式运用该技术或专业技能。

第三种是该外资并购会为渗入、监视或暗中破坏一国经济的关键产品或服务提供途径。

因此，外国投资者并购境内企业，应符合中国法律、行政法规和规则对投资者资格的要求以及产业、土地、环保等政策。依照《外商投资产业指导目录（2017年修订）》和2018年版外商投资准入负面清单不允许外国投资者独资经营的企业，并购不得导致外国投资者持有企业的全部股权；须有中方控股或相对控股的产业，该产业的企业被并购后，仍应由中方在企业中占控股或相对控股地位；禁止外国投资者经营的产业，外国投资者不得并购从事该产业的企业。被并购境内企业原有所投资的经营范围应符合有关外商投资产业政策的要求；不符合要求的，应进行调整。

外国投资者并购境内企业须取得实际控制权，涉及重点行业、存在影响或可能影响国家经济安全因素或导致拥有驰名商标或中华老字号的境内企业实际控制权转移的，当事人应当就此向商务部进行申报。当事人未予申报，但其并购行为对国家经济安全造成或可能造成重大影响的，商务部可以会同有关部门要求当事人终止交易或转让相关股权、资产或其他有效措施，以消除并购行为对国家经济安全的影响。

（二）外资并购安全审查的主要内容

中国外国投资者并购境内企业安全审查的主要内容大致包括审查对象和范围、审查内容、审查机构、审查程序几个方面。

1. 外资并购安全审查范围

外资并购安全审查分为以下两大类：

（1）外国投资者并购境内军工及军工配套企业，重点、敏感军事设施周边企业，以及关系国防安全的其他单位；

（2）外国投资者并购境内关系国家安全的重要农产品、重要能源和资源、重要基础设施、重要运输服务、关键技术、重大装备制造等企业，且实际控制权可能被外国投资者取得。

这里的外国投资者取得控制权，是指外国投资者通过并购成为境内企业的控股股东或实际控制人。包括下列情形：

（1）外国投资者及其控股母公司、控股子公司在并购后持有的股份总额在50%以上；

（2）数个外国投资者在并购后持有的股份总额合计在50%以上；

（3）外国投资者在并购后所持有的股份总额不足50%，但依其持有的股份所享有的表决权已足以对股东会或股东大会、董事会的决议产生重大影响；

（4）其他导致境内企业的经营决策、财务、人事、技术等实际控制权转移给外国投资者的情形。

2. 外资并购安全审查内容

外资并购安全审查内容主要包括以下几个方面：

（1）并购交易对国防安全，包括对国防需要的国内产品生产能力、国内服务提供能力和有关设备设施的影响；

（2）并购交易对国家经济稳定运行的影响；

（3）并购交易对社会基本生活秩序的影响；

（4）并购交易对涉及国家安全关键技术研发能力的影响。

3. 外资并购安全审查工作机制

建立外国投资者并购境内企业安全审查部际联席会议（以下简称联席会议）制度，具体承担并购安全审查工作。联席会议在国务院领导下，由发展改革委、商务部牵头，根据外资并购所涉及的行业和领域，会同相关部门开展并购安全审查。

联席会议的主要职责是：分析外国投资者并购境内企业对国家安全的影响；研究、协调外国投资者并购境内企业安全审查工作中的重大问题；对需要进行安全审查的外国投资者并购境内企业交易进行安全审查并作出决定。

4. 外资并购安全审查程序

（1）外资并购审查的启动方式

外国投资者并购境内企业，应按照规定，由投资者向商务部提出申请。两个或者两个以上外国投资者共同并购的，可以共同或确定一个外国投资者向商务部提出并购安全审查申请。对属于安全审查范围内的并购交易，商务部应在5个工作日内提请联席会议进行审查。

在向商务部提出并购安全审查正式申请前，申请人可就其并购境内企业的程序性问题向商务部提出商谈申请，提前沟通有关情况。该预约商谈不是提交正式申请的必经程序，商谈情况不具有约束力和法律效力，不作为提交正式申请的依据。

外国投资者并购境内企业，国务院有关部门、全国性行业协会、同业企业及上下游企业认为需要进行并购安全审查的，可以通过商务部提出进行并购安全审查的建议，并提交有关情况的说明。属于并购安全审查范围的，商务部应在5个工作日内将建议提交联席会议。联席会议认为确有必要进行并购安全审查的，商务部根据联席会议决定，要求外国投资者按本规定提交并购安全审查申请。

（2）一般性审查和特别审查程序

联席会议对商务部提请安全审查的并购交易，首先进行一般性审查，对未能通过一般性审查的，进行特别审查。一般性审查采取书面征求意见的方式进行。联席会议收到商务部提请安全审查的并购交易申请后，在5个工作日内，书面征求有关部门的意见。有关部门在收到书面征求意见函后，应在20个工作日内提出书面意见。如有关部门均认为并购交易不影响国家安全，则不再进行特别审查，由联席会议在收到全部书面意见后5个工作日内提出审查意见，并书面通知商务部；如并购交易可能对国家安全造成影响，联席会议应在收到书面意见后5个工作日内启动特别审查程序。

启动特别审查程序后，联席会议组织对并购交易作安全评估，并结合评估意见对并购交易进行审查，意见基本一致的，由联席会议提出审查意见；存在重大分歧的，由联席会议报请国务院决定。联席会议自启动特别审查程序之日起60个工作日内完成特别审查，或报请国务院决定。审查意见由联席会议书面通知商务部。在并购安全审查过程中，申请人可向商务部申请修改交易方案或撤销并购交易。

商务部收到联席会议书面审查意见后，在5个工作日内将审查意见书面通知申请人，以及负责并购交易管理的地方商务主管部门。对不影响国家安全的，申请人可按照有关规定，到具有相应管理权限的相关主管部门办理并购交易手续；对可能影响国家安全且并购交易尚未实施的，当事人应当终止交易。申请人未经调整并购交易、修改申报文件并经重新审查，不得申请并实施并购交易；外国投资者并购境内企业行为对国家安全已经造成或可能造成重大影响的，根据联席会议审查意见，商务部会同有关部门终止当事人的交易，或采取转让相关股权、资产或其他有效措施，以消除该并购行为对国家安全的影响。

外国投资者并购境内企业未被提交联席会议审查，或联席会议经审查认为不影响国家安全的，若此后发生调整并购交易、修改有关协议文件、改变经营活动以及其他变化（包括境外实际控制人的变化等），导致该并购交易属于并购安全制度明确的并购安全审查范围的，当事人应当停止有关交易和活动，由外国投资者按照规定向商务部提交并购安全审查申请。

（3）外资并购安全审查人员的保密义务

参与并购安全审查的商务主管部门、相关单位和人员应对并购安全审查中的国家秘密、商业秘密及其他需要保密的信息承担保密义务。安全审查人员保密义务的确定为外国投资者能进行安全审查提供了保障。

三、自由贸易试验区外商投资国家安全审查

自由贸易试验区的外资审查不仅仅适用于外资并购领域，适用范围更广，是中国在建立安全审查制度上的进步和完善。根据《自由贸易试验区外商投资国家安全审查试行办法》的规定，自由贸易试验区外商投资国家安全审查的主要内容有：

（一）审查范围

总的原则是：对影响或可能影响国家安全、国家安全保障能力，涉及敏感投资主体、敏感并购对象、敏感行业、敏感技术、敏感地域的外商投资进行安全审查。

安全审查范围为：外国投资者在自贸试验区内投资军工、军工配套和其他关系国防安全的领域，以及重点、敏感军事设施周边地域；外国投资者在自贸试验区内投资关系国家安全的重要农产品、重要能源和资源、重

要基础设施、重要运输服务、重要文化、重要信息技术产品和服务、关键技术、重大装备制造等领域，并取得所投资企业的实际控制权。

出现的变化是对审查范围作了概括性的规定，增加了对涉及中国重要文化和重要信息技术和服务的外商投资进行审查，体现了国家对文化的保护和重视。

对“外国投资”给予行为界定，外国投资者在自贸试验区内投资，包括下列情形：

（1）外国投资者单独或与其他投资者共同投资新建项目或设立企业；

（2）外国投资者通过并购方式取得已设立企业的股权或资产；

（3）外国投资者通过协议控制、代持、信托、再投资、境外交易、租赁、认购可转换债券等方式投资。

外国投资者取得所投资企业的实际控制权，包括下列几种情形：

（1）外国投资者及其关联投资者持有企业股份总额在50%以上；

（2）数个外国投资者持有企业股份总额合计在50%以上；

（3）外国投资者及其关联投资者、数个外国投资者持有企业股份总额不超过50%，但所享有的表决权已足以对股东会或股东大会、董事会的决议产生重大影响；

（4）其他导致外国投资者对企业的经营决策、人事、财务、技术等产生重大影响的情形。

（二）审查内容

自由贸易试验区外商投资审查的内容包括：

（1）外商投资对国家安全，包括对国防需要的国内产品生产能力、国内服务提供能力和有关设施的影响；

（2）外商投资对国家经济稳定运行的影响；

（3）外商投资对社会基本生活秩序的影响；

（4）外商投资对国家文化安全、公共道德的影响；

（5）外商投资对国家网络安全的影响；

（6）外商投资对涉及国家安全关键技术研发能力的影响。

（三）安全审查工作机制和程序

1. 安全审查机构

自贸试验区外商投资安全审查工作，由外国投资者并购境内企业安全审查部际联席会议具体承担。在联席会议机制下，国家发展和改革委员会、商务部根据外商投资涉及的领域，会同相关部门开展安全审查。

2. 审查程序

安全审查程序依照外国投资者并购境内企业安全审查制度要求的程序办理。对影响或可能影响国家安全，但通过附加条件能够消除影响的投资，联席会议可要求外国投资者出具修改投资方案的书面承诺。外国投资者出具书面承诺后，联席会议可作出附加条件的审查意见。自贸试验区管理机构在办理职能范围内外商投资备案、核准或审核手续时，对属于安全审查范围的外商投资，应及时告知外国投资者提出安全审查申请，并暂停办理相关手续。商务部将联席会议审查意见书面通知外国投资者的同时，须通知自贸试验区管理机构。对不影响国家安全或附加条件后不影响国家安全的外商投资，自贸试验区管理机构继续办理相关手续。

3. 外商投资监管

自贸试验区管理机构应做好外商投资监管工作。如发现外国投资者提供虚假信息、遗漏实质信息、通过安全审查后变更投资活动或违背附加条件，对国家安全造成或可能造成重大影响的，即使外商投资安全审查已结束或投资已实施，自贸试验区管理机构应向国家发展改革委和商务部报告。国家发展改革委、商务部与自贸试验区管理机构通过信息化手段，在信息共享、实时监测、动态管理和定期核查等方面形成联动机制。

【风险提示】

外资并购可能会影响国内某些行业经济的发展，中国会进行安全审查，有的还涉及反垄断审查，外资并购前一定要做好尽职调查。

【法条指引】

中华人民共和国外商投资法（节录）

第三十五条 国家建立外商投资安全审查制度，对影响或者可能影响国家安全的外商投资进行安全审查。

依法作出的安全审查决定为最终决定。

国务院办公厅关于建立外国投资者并购境内企业安全审查制度的通知

一、并购安全审查范围

（一）并购安全审查的范围为：外国投资者并购境内军工及军工配套企业，重点、敏感军事设施周边企业，以及关系国防安全的其他单位；外国投资者并购境内关系国家安全的重要农产品、重要能源和资源、重要基础设施、重要运输服务、关键技术、重大装备制造等企业，且实际控制权可能被外国投资者取得。

二、并购安全审查内容

（一）并购交易对国防安全，包括对国防需要的国内产品生产能力、国内服务提供能力和有关设备设施的影响。

（二）并购交易对国家经济稳定运行的影响。

（三）并购交易对社会基本生活秩序的影响。

（四）并购交易对涉及国家安全关键技术研发能力的影响。

三、并购安全审查工作机制

（一）建立外国投资者并购境内企业安全审查部际联席会议（以下简称联席会议）制度，具体承担并购安全审查工作。

（二）联席会议在国务院领导下，由发展改革委、商务部牵头，根据外资并购所涉及的行业和领域，会同相关部门开展并购安全审查。

（三）联席会议的主要职责是：分析外国投资者并购境内企业对国家安全的影响；研究、协调外国投资者并购境内企业安全审查工作中的重大问题；对需要进行安全审查的外国投资者并购境内企业交易进行安全审查并作出决定。

第四章

外商投资公司

第一节　公司概述

【规则要点】

外商投资企业可以根据自身需要选择设立有限责任公司或者股份有限公司，法律或者行政法规另有规定的，遵循规定。

外商投资企业将适用公司法等法律法规，最高权力机构由“董事会”变更为“股东会”，“修改合营企业章程；增加或者减少注册资本；合营企业合并、分立；合营企业的终止、解散”等重大事项决议要求由出席会议的董事一致通过变更为由2/3以上表决权的股东通过即可。

【理解与适用】

一、公司与公司法

外商投资法第31条规定，外商投资企业的组织形式、组织机构及其活动准则，适用公司法、合伙企业法等法律的规定。因此，根据内外资一致监督管理原则，外国投资者在中国境内设立公司，同样受到公司法所调整。需要注意有行业适用的例外，对外国投资者在中国境内投资银行业、证券业、保险业等金融行业，或者在证券市场、外汇市场等金融市场进行投资的管理，国家另有规定的，依照其规定。比如说，《外商投资证券公司管理办法》《外商投资期货公司管理办法》中证券公司和期货公司需要适用特殊的法律规范。

公司法是为了规范公司的组织和行为，保护公司、股东和债权人的合法权益，维护社会经济秩序，促进社会主义市场经济的发展而制定的法律。1999年制定以来，经过1999年、2004年、2005年、2013年、2018年多次修改。公司法、《中华人民共和国证券法》、《中华人民共和国企业破产法》等调整公司从设立到上市交易，再到破产解散的从生到死各个方面的规定，包括商事组织法和行为法，共同构成调整公司的基础性商事法律规范。

根据公司法的规定，公司，是指以出资方式设立，股东以其认缴的出资额或认购的股份为限对公司承担责任，公司以其全部独立法人财产对公司债务承担责任的企业法人，包括有限责任公司和股份有限公司。主要特征是：公司有独立的法人财产，享有法人财产权。公司以其全部财产对公司的债务承担责任。有限责任公司的股东以其认缴的出资额为限对公司承担责任；股份有限公司的股东以其认购的股份为限对公司承担责任。

本节仅介绍公司设立的条件和程序以及组织机构等内容，有关中国公司法律制度的详细介绍，请查阅公司法、证券法、企业破产法等内容。

二、公司设立的条件和程序

（一）有限责任公司

1. 有限责任公司的设立条件

设立有限责任公司，应当具备下列条件：

（1）主体条件。股东符合法定人数；有限责任公司由50个以下股东出资设立。

（2）财产条件。有符合公司章程规定的全体股东认缴的出资额；股东可以用货币出资，也可以用实物、知识产权、土地使用权等可以用货币估价并可以依法转让的非货币财产作价出资。但是，法律、行政法规规定不得作为出资的财产除外。

（3）公司章程。股东共同制订公司章程，有限责任公司章程应当载明下列事项：公司名称和住所、公司经营范围、公司注册资本、股东的姓名或者名称、股东的出资方式、出资额和出资时间、公司的机构及其产生办法、职权、议事规则、公司法定代表人、股东会会议认为需要规定的其他事项。股东应当在公司章程上签名、盖章。

（4）有公司名称和公司住所。公司名称，是指法人人格特定化的标志，区别于其他民事主体，由行政区划、字号、行业或营业部类和公司形式组成。中国对于公司住所的认定，采取管理中心主义，因为公司住所将其参加的法律关系集中到一起。

（5）建立符合有限责任公司要求的组织机构。建立符合有限责任公司要求的股东会、董事会和监事会，规模较小或人数较少的有限公司可以设立执行董事，1 到 2 名监事。

2. 有限责任公司的设立程序

（1）发起人发起——签订发起人协议或制作发起人会议决议。

（2）订立公司章程。

（3）申请名称预先核准。

（4）报经有关部门审批：有关公司的设立审批，根据公司法第 6 条第 2 款，法律、行政法规规定设立公司必须报经批准的，应当在公司登记前依法办理批准手续；有关经营范围的审批，根据公司法第 12 条第 2 款，公司的经营范围中属于法律、行政法规规定须经批准的项目，应当依法经过批准。

（5）缴纳出资：公司设立中履行设立协议或公司章程中规定的出资义务的行为。

（6）申请设立登记。

（7）登记发照。

（8）公示。

（二）股份有限公司

1. 股份有限公司的设立条件

根据公司法第 76 条规定，设立股份有限公司，应当具备下列条件：

（1）发起人符合法定人数；

（2）有符合公司章程规定的全体发起人认购的股本总额或募集的实收股本总额；

（3）股份发行、筹办事项符合法律规定；

（4）发起人制订公司章程，采用募集方式设立的经创立大会通过；

（5）有公司名称，建立符合股份有限公司要求的组织机构；

（6）有公司住所。

设立股份有限公司，应当有 2 人以上 200 人以下为发起人，其中须有半数以上的发起人在中国境内有住所。

2. 股份有限公司的设立程序

（1）签订发起人协议。发起人协议，是指发起人之间以书面形式表达的共同设立公司、各自承担一定设立义务的一致意思表示。因其只规范发起阶段发起人之间的权利义务关系，故在性质上被认为是合伙协议。

（2）报经有关部门批准。

（3）制订公司章程。

（4）申请名称预先核准。

（5）认购股份。

（6）建立公司组织机构。

（7）申请设立登记。

（8）公示。

3. 股份有限公司章程

根据公司法第 81 条规定，股份有限公司章程应当包括公司名称和住所、公司经营范围、公司设立方式、公司股份总数、每股金额和注册资本、发起人的姓名或者名称、认购的股份数、出资方式和出资时间、董事会的组成、职权和议事规则、公司法定代表人、监事会的组成、职权和议事规则、公司利润分配办法、公司的解散事由与清算办法、公司的通知和公告办法、股东大会会议认为需要规定的其他事项。

（三）负面清单管理制度

有关外商投资企业的企业设立、变更、终止等审批程序，外商投资法明确沿用负面清单管理制度。对负面清单之内的投资领域，实施外资准入特别管理措施。对负面清单之外的投资领域，实行备案制度。因此，除了施行内外资一致的设立条件外，外商投资企业还须按照负面清单进行核准和备案管理。

（四）企业登记机关

根据 2019 年 3 月 24 日《国务院关于修改部分行政法规的决定》对

《中华人民共和国企业法人登记管理条例》的修订，企业法人登记主管机关由国家工商行政管理部门，变成国家市场监督管理部门，无论是内资企业还是外资企业法人的核准登记都由国家市场监督管理总局和地方各级市场监督管理部门核准登记注册。

企业法人登记主管机关（以下简称登记主管机关）是国家市场监督管理总局和地方各级市场监督管理部门，各级登记主管机关在上级登记主管机关的领导下，依法履行职责，不受非法干预。

经国务院或者国务院授权部门批准的全国性公司、企业集团、经营进出口业务的公司，由国家市场监督管理总局核准登记注册。中外合资经营企业、中外合作经营企业、外资企业由国家市场监督管理总局和地方各级市场监督管理部门核准登记注册。

全国性公司的子（分）公司，经省、自治区、直辖市人民政府或其授权部门批准设立的企业、企业集团、经营进出口业务的公司，由省、自治区、直辖市市场监督管理部门核准登记注册。

其他企业，由所在市、县（区）市场监督管理部门核准登记注册。

三、公司的组织机构

（一）股东（大）会

1. 股东（大）会

股东（大）会，是指依法由全体股东组成的公司权力机构。是公司的最高权力机关，是公司必须依法设立的机构，须由全体股东组成。

2. 股东会会议的种类

定期会议，是指依据法律和公司章程的规定在一定时间内必须召开的股东会议，主要决定股东会职权范围内的例行重大事项。定期会议召开时间由公司章程进行规定，中国一般有限责任公司股东会年会于每个会计年度结束之后即行召开；股份有限公司的股东大会年会一般于会计年度终了后6个月内召开。

临时会议，是指在定期会议以外必要的时候，由于发生法定事由或根据法定人员、机构的提议而召开的股东会议。会议的召开情形有以下几种：

（1）股东：公司法规定，有限责任公司代表1/10以上表决权的股东可以提议召开股东会临时会议；股份有限公司单独或合计持有公司 10% 以上的股份的股东请求，应在 2 个月内召开临时股东大会。

（2）董事或董事会：有限责任公司 1/3 以上的董事可以提议召开股东会临时会议；股份有限公司董事会认为有必要时，应当在 2 个月内召开。

（3）监事或监事会：有限责任公司监事会或不设监事会的公司的监事可以提议召开；股份有限公司监事会提议召开时，应在 2 个月内召开。

（4）其他情形：股份有限公司当董事人数不足该法规定的人数或章程规定人数的 2/3 时，或当公司未弥补的亏损达实收股本总额 1/3 时，应在 2 个月内召开；当公司法和章程规定公司转让、受让重大资产或对外提供担保等事项必须经股东大会作出决议的，董事会应及时召集股东大会决议。

3. 股东会职权

（1）决定公司的经营方针和投资计划；

（2）选举和更换非由职工代表担任的董事、监事，决定有关董事、监事的报酬事项；

（3）审议批准董事会的报告；

（4）审议批准监事会或者监事的报告；

（5）审议批准公司的年度财务预算方案、决算方案；

（6）审议批准公司的利润分配方案和弥补亏损方案；

（7）对公司增加或者减少注册资本作出决议；

（8）对发行公司债券作出决议；

（9）对公司合并、分立、解散、清算或者变更公司形式作出决议；

（10）修改公司章程；

（11）公司章程规定的其他职权。

对上述所列事项股东以书面形式一致表示同意的，可以不召开股东会会议，直接作出决定，并由全体股东在决定文件上签名、盖章。

4. 股东会有效决议作出的必要条件

（1）股东法定出席比例。

（2）决议通过的法定比例：普通决议生效的条件是股东会合法召集，且出席会议的代表过半数以上通过；特别决议是股东会合法召集且经出席代表的 2/3 以上通过。特别决议的事项包括股东大会作出修改公司章程、增加或者减少注册资本的决议以及公司合并、分立、解散或者变更公司形式的决议，上述事项必须经出席会议的股东所持表决权的2/3以上通过。

（二）董事会

1. 董事会的含义

董事会，是指依法由股东会选举产生，代表公司并行使经营决策权的公司常设机关。董事会成员是股东会选举的，董事会对股东会负责，执行股东会的决议。

2. 董事会会议

（1）普通会议：公司章程规定的按固定时间召开的例会。股份有限公司每年度至少召开2次董事会会议。

（2）临时会议：当公司经营中遇到需要董事会及时决策的必要事项时，可以召开临时会议。

根据公司法第48条规定："董事会的议事方式和表决程序，除本法有规定的外，由公司章程规定。董事会应当对所议事项的决定作成会议记录，出席会议的董事应当在会议记录上签名。董事会决议的表决，实行一人一票。"第111条规定："董事会会议应有过半数的董事出席方可举行。董事会作出决议，必须经全体董事的过半数通过。董事会决议的表决，实行一人一票。"

3. 董事会职权

董事会对股东会负责，行使下列职权：

（1）召集股东会会议，并向股东会报告工作；

（2）执行股东会的决议；

（3）决定公司的经营计划和投资方案；

（4）制订公司的年度财务预算方案、决算方案；

（5）制订公司的利润分配方案和弥补亏损方案；

（6）制订公司增加或者减少注册资本以及发行公司债券的方案；

（7）制订公司合并、分立、解散或者变更公司形式的方案；

（8）决定公司内部管理机构的设置；

（9）决定聘任或者解聘公司经理及其报酬事项，并根据经理的提名决定聘任或者解聘公司副经理、财务负责人及其报酬事项；

（10）制定公司的基本管理制度；

（11）公司章程规定的其他职权。

4. 公司法对董事任职资格的限制

有下列情形之一的，不得担任公司的董事、监事、高级管理人员：

（1）无民事行为能力或者限制民事行为能力；

（2）因贪污、贿赂、侵占财产、挪用财产或者破坏社会主义市场经济秩序，被判处刑罚，执行期满未逾 5 年，或者因犯罪被剥夺政治权利，执行期满未逾 5 年；

（3）担任破产清算的公司、企业的董事或者厂长、经理，对该公司、企业的破产负有个人责任的，自该公司、企业破产清算完结之日起未逾 3 年；

（4）担任因违法被吊销营业执照、责令关闭的公司、企业的法定代表人，并负有个人责任的，自该公司、企业被吊销营业执照之日起未逾 3 年；

（5）个人所负数额较大的债务到期未清偿。

公司违反上述规定选举、委派董事、监事或者聘任高级管理人员的，该选举、委派或者聘任无效。董事、监事、高级管理人员在任职期间出现公司法第 146 条第 1 款所列情形的，公司应当解除其职务。

（三）监事会

1. 监事会的含义和特点

监事会，是指依法产生对董事和经理的经营管理行为及公司财务进行监督的常设机构。由依法产生的监事组成，对公司事务进行监督，独立行使职权，监事个人与监事会并行行使监督职权的机构。

2. 监事会的组成

有限责任公司设监事会，其成员不得少于 3 人。股东人数较少或者规模较小的有限责任公司，可以设 1 到 2 名监事，不设监事会。股份有限公司设监事会不得少于 3 人。监事会由股东代表和适当比例的职工代表组成，其中职工代表的比例不低于 1/3。

3. 监事会的职权

监事会、不设监事会的公司的监事行使下列职权：

（1）检查公司财务；

（2）对董事、高级管理人员执行公司职务的行为进行监督，对违反法律、行政法规、公司章程或者股东会决议的董事、高级管理人员提出罢免的建议；

（3）当董事、高级管理人员的行为损害公司的利益时，要求董事、高级管理人员予以纠正；

（4）提议召开临时股东会会议，在董事会不履行本法规定的召集和主持股东会会议职责时召集和主持股东会会议；

（5）向股东会会议提出提案；

（6）依照公司法第151条的规定，对董事、高级管理人员提起诉讼；

（7）公司章程规定的其他职权。

监事可以列席董事会会议，并对董事会决议事项提出质询或者建议。监事会、不设监事会的公司的监事发现公司经营情况异常，可以进行调查；必要时，可以聘请会计师事务所等协助其工作，费用由公司承担。

【法条指引】

中华人民共和国外商投资法（节录）

第三十一条 外商投资企业的组织形式、组织机构及其活动准则，适用《中华人民共和国公司法》、《中华人民共和国合伙企业法》等法律的规定。

中华人民共和国公司法（节录）

第二条 本法所称公司是指依照本法在中国境内设立的有限责任公司和股份有限公司。

中华人民共和国合伙企业法（节录）

第二条 本法所称合伙企业，是指自然人、法人和其他组织依照本法在中国境内设立的普通合伙企业和有限合伙企业。

普通合伙企业由普通合伙人组成，合伙人对合伙企业债务承担无限连带责任。本法对普通合伙人承担责任的形式有特别规定的，从其规定。

有限合伙企业由普通合伙人和有限合伙人组成，普通合伙人对合伙企业债务承担无限连带责任，有限合伙人以其认缴的出资额为限对合伙企业债务承担责任。

第二节　外商投资股份有限公司

【规则要点】

外商投资股份有限公司可以通过发起设立或者募集设立的方式直接设立，外商投资企业、国有企业、集体所有制企业和股份有限公司申请转变为外商投资性股份有限公司，进行改制设立。

外商投资股份有限公司可以申请发行 A 股或 B 股，外商投资股份有限公司的非上市外资股可以转 B 股流通。

【理解与适用】

一、外商投资股份有限公司概述[①]

（一）外商投资股份有限公司的概念和特征

外商投资股份有限公司，是指全部资本由等额股份构成，股东以其所认购的股份对公司承担责任，公司以全部财产对公司债务承担责任，中外股东共同持有公司股份，外国股东购买并持有的股份占公司注册资本 25% 以上的企业法人。其特征如下：

第一，外商投资股份有限公司的中外股东承担有限责任。股份有限公司是独立的法人，拥有独立的法人财产，以自己的全部财产对公司债务承担责任，中外股东以其认购的股份为限对公司承担责任，体现了有限责任的优点。

第二，外商投资股份有限公司是典型的资合公司。其资本划分为等额股份，股票向社会公开发行并可以自由转让，通过向社会募股的方式筹集资金，以公司的资本对外承担责任。中外股东可以不经其他股东的同意，将其所持的股份自由转让。

第三，外商投资股份有限公司的设立条件更加严格、设立程序更加复

---

① 外商投资股份有限公司适用《外商投资信息报告》的有关规定。

杂。因为向社会公开发行并可以自由转让涉及社会公共利益，设立责任比较重。

第四，外商投资股份有限公司的组织机构比较完备。外商投资股份有限公司必须设立股东大会、董事会和监事会，分别作为权力机构、决策机构和监督机构，并按照各自权限履行职责，管理机构比较专业化，一般没有经营期限的限制。

（二）有关外商投资股份有限公司的主要法律规定

外商投资股份有限公司为外商投资企业的一种形式，适用国家法律、法规对于外商投资企业的有关规定。外商投资股份有限公司具有一般股份有限公司的共同特征，有关事宜根据外商投资法、公司法、证券法、《国务院关于股份有限公司境外募集股份及上市的特别规定》、《外商投资信息报告办法》及有关规定办理。其他相关法律法规包括《外商投资产业指导目录》《指导外商投资方向规定》等等。

二、外国投资股份有限公司的设立

（一）外商投资股份有限公司的设立条件和设立方式

1. 外商投资股份有限公司的设立条件

积极条件：设立外商投资股份有限公司必须符合中国利用外资的政策，目前仅限于国家鼓励和允许外商投资的行业。

消极条件：不在国家禁止或限制设立外商投资企业的行业内。

2. 外商投资股份有限公司的设立方式

外商投资股份有限公司的设立方式可以分为两类：

一是直接设立，即通过发起设立或募集方式设立。

二是改制设立，即把之前的企业形式如外商投资企业、国有企业、集体所有制企业和股份有限公司申请转变为外商投资性股份有限公司。

（二）直接设立外商投资股份有限公司

1. 发起设立和募集设立概述

发起设立，是指股份有限公司由发起人认购公司的全部股份而设立的公司。采取发起设立通常是发起人财力雄厚，无需向社会公开募集资金或者公司成立之初规模不大、不需太多资金。发起设立的全部发起人是公司的原始股东，发起人设立公司的行为相当于股东的设立行为，公司经登记后即告成立，发起人即为股东。以发起方式设立的公司，除应符合公司法规定的发起人的条件外，其中至少有一个发起人应为外国股东。

募集设立，是指由发起人认购公司应发行股份的一部分，其余部分向社会公开募集而设立的公司。采取募集设立方式，公司是希望通过向社会公众或特定对象发行股份而募集到更多的资金，从而使公司有更多的资本总额。因此，以募集方式设立的股份有限公司从其成立时起，除发起人外，其股东还包括社会公众或特定对象。

以募集方式设立的公司除应符合公司法规定的发起人条件外，其中至少有一个发起人应为外国股东，同时至少有一个发起人还应有募集股份前3年连续盈利的记录。该发起人为中国股东时，应提供其近3年经过中国注册会计师审计的财务会计报告；该发起人为外国股东时，应提供该外国股东居所所在地注册会计师审计的财务报告。

2. 设立程序

根据《外商投资信息报告办法》的有关规定，外商投资有限公司不涉及特别管理准入措施的，其具体备案管理的设立变更程序和材料提交，请参见第三章第二节有关外商投资备案管理的部分。

（三）改制设立外国投资股份有限公司

1. 外商投资企业申请转变为外商投资股份有限公司

根据有关负面清单制度的管理规定，已设立中外合资经营企业、中外合作经营企业、外资企业的，如申请转变为外商投资股份有限公司，应有最近连续3年的盈利记录；若申请转换的公司在外商投资准入负面清单范围内，该变更仍须商务部审批；若公司不在外商投资准入负面清单范围内，现实行商务部备案制。

经审批报送的材料：

第一，申报材料。申请变更应报送下列文件：

（1）原外商投资企业的合同、章程；

（2）原外商投资企业董事会关于企业改组的决议；

（3）原外商投资企业投资者关于终止原合同、章程的决议；

（4）原外商投资企业资产评估报告；

（5）发起人（包括但不限于原外商投资企业投资者）协议；

（6）公司章程；

（7）原外商投资企业的营业执照、批准证书，最近连续 3 年的财务报告；

（8）设立公司的申请书；

（9）发起人的资信证明；

（10）可行性研究报告。

上述申请经商务部批准后，发起人应自批准证书签发后向公司登记机关办理变更登记手续。

第二，变更后权利义务承担。

外商投资企业变更登记为外商投资股份有限公司后，原外商投资企业的一切权利、义务全部转由外商投资股份有限公司承担。外商投资企业的中外投资者在原外商投资企业合同、章程中承诺的义务，应列入发起人协议及章程，同样适用所设立的外商投资股份有限公司。

2. 国有企业、集体所有制企业申请转变为外商投资股份公司

国有企业、集体所有制企业随着中国经济深化改革的推进，不断在改制，有可能在外商投资的基础上申请变更为外商投资股份有限公司的，除符合有关条款的规定外，还须符合以下条件：

（1）该企业至少营业 5 年并有最近连续 3 年的盈利记录；

（2）外国股东以可自由兑换的外币购买并持有该企业的股份占该企业注册资本的 25% 以上；

（3）企业的经营范围符合外商投资企业产业政策。

如果涉及特别准入管理措施需要审批的，中外股东作为发起人签订设立公司的协议、章程，报企业所在地审批机关初审同意后转报商务部审批。

申请变更应报送下列文件：

（1）原企业资产评估报告；

（2）设立公司的申请书；

（3）可行性研究报告；

（4）发起人协议；

（5）公司章程；

（6）原企业的营业执照、最近连续 3 年的资产负债表；

（7）发起人的资信证明；

（8）其他必要的文件。

上述申请经商务部批准后，发起人应自批准证书签发后向公司登记机关办理变更登记手续。

3. 股份有限公司申请转变为外商投资股份有限公司

中国境内内资股份有限公司申请转变为外商投资股份有限公司的，除符合有关条款的规定外，还须符合以下条件：

（1）该股份有限公司是经国家正式批准设立的；

（2）外国股东以可自由兑换的外币购买并持有该股份有限公司的股份占公司注册资本的25%以上；

（3）股份有限公司的经营范围符合外商投资企业产业政策。

境内股份有限公司申请转变为外商投资股份有限公司的途径有3种：

一是通过向社会公开发行人民币特种股票（B股），二是通过增资扩股或转股发行外国股东持有的股份，三是在境外发行境外上市外资股（包括但不限于H股和N股）并在境外上市。

股份有限公司通过向社会公开发行人民币特种股票（B股），申请转变为外商投资股份有限公司的，应报送如下文件：

（1）股东大会对变更为公司的决议；

（2）原股份有限公司资产评估报告；

（3）申请转变为公司的报告；

（4）原股份有限公司章程的补充、修改协议；

（5）证券管理部门批准公开发行人民币特种股票（B股）的文件；

（6）其他必要的文件。

股份有限公司通过增资扩股或转股发行外国股东持有的股份，申请转变为外商投资股份有限公司的，应报送如下文件：

（1）股东大会对变更为公司的决议；

（2）原股份有限公司资产评估报告；

（3）申请转变为公司的报告；

（4）原股份有限公司章程的补充、修改协议；

（5）股份有限公司与定向购股人的购股协议等其他必要的文件。

股份有限公司在境外发行境外上市外资股（包括但不限于H股和N

股）并在境外上市申请转变为外商投资股份有限公司的，应报送下列文件：

（1）股东大会对变更为公司的决议；

（2）原股份有限公司资产评估报告；

（3）申请转变为公司的报告；

（4）原股份有限公司章程的补充、修改协议；

（5）证券管理部门批准境外上市的文件；

（6）境外证券机构批准原股份有限公司股票上市的文件；

（7）境外上市的原股份有限公司股票交易情况以及审批部门要求的其他文件。

如果涉及特别准入管理措施需要审批的，内资股份有限公司申请变更为外商投资股份有限公司经商务部批准后，原股份有限公司应持批准证书和公司的募股证明向市场监督管理部门办理变更登记手续。

三、外商投资股份有限公司股份转让

（一）外商股份投资公司申请发行 A 股或 B 股

根据原对外贸易经济合作部办公厅《关于外商投资股份公司有关问题的通知》，现有的外商投资股份有限公司申请发行 A 股或 B 股，应当获得商务部批准并且符合下列条件：

（1）申请上市与上市后的外商投资股份公司应符合外商投资产业政策；

（2）申请上市的外商投资股份公司应为按规定和程序设立或改制的企业；

（3）上市后的外商投资股份公司的非上市外资股比例应不低于总股本的 25%；

（4）符合上市公司有关法规要求的其他条件。

上市前属于中外合资企业的 B 股公司，申请其非上市外资股上市流通，应按《关于境内上市外资股（B 股）公司非上市外资股上市流通问题的通知》的要求，在获得商务部书面同意后，向中国证监会报送非上市外资股上市流通的申请方案。

申请非上市外资股上市流通应符合下列条件：

（1）转发B股后，外商投资股份公司的非上市外资股占总股本的比例不得低于25%；

（2）拟上市流通的非上市外资股存续超过1年；

（3）非上市外资股转为流通股后，其承接人能够履行公司章程规定的原非上市外资股持有人的义务、责任；

（4）符合上市公司有关法规要求的其他条件。

外商投资性公司持有的非上市外资股暂不得转为流通股。

（二）外商投资股份有限公司非上市外资股转B股流通的规定

根据2008年7月30日发布的《关于外商投资股份有限公司非上市外资股转B股流通有关问题的通知》，非上市外资股转B股除了满足国家关于上市发行股票的要求外，还应符合下列条件：

（1）申请人应为按规定和程序设立的外商投资股份有限公司；

（2）申请人应符合外商投资产业政策；

（3）拟转B股流通的非上市外资股股东如依照申请人章程、股东协议及其他法律文件和法律法规要求承担特殊义务和责任的（包括但不限于提供股东贷款、贷款担保、技术转让、商标许可等等），应在履行完上述义务和责任后，方可申请非上市外资股转B股流通；

（4）申请人申请前两年内均已通过外商投资企业联合年检，且按照营业执照载明的经营范围从事正常的生产经营活动，公司股票交易正常；

（5）拟转B股流通的非上市外资股股东持有该非上市外资股的期限超过1年；

（6）非上市外资股转为流通股后，其原股东继续持有的期限须超过1年。

非上市外资股转B股流通按以下程序办理：

（1）申请人向所在地省级商务主管部门提出申请；

（2）申请人所在地省级商务主管部门应在接到申请之日起15日内完成初审。审核同意的，转报商务部审核；不同意的，书面说明理由；

（3）商务部应在接到申请材料之日起30日内将审核意见以书面形式告知转报部门；

（4）经商务部审核同意的，申请人应在发布相关公告，并到交易所办理完毕相关手续后，到商务部换领《外商投资企业批准证书》；

（5）申请人应在换领《外商投资企业批准证书》之日起30日内向工商行政管理部门申请办理变更登记手续。

应提交的申请材料包括：

（1）申请人所在地省级商务主管部门的申报文件（含初审意见）；

（2）申请人关于非上市外资股转B股流通的申请书；

（3）申请人股东大会关于非上市外资股转B股流通的决议和关于章程修改的决议；

（4）申请人董事会决议；

（5）申请人章程修改草案（正本）及原章程（复印件）；

（6）拟转B股流通的非上市外资股股东关于是否承担特殊义务和责任的书面声明。承担特殊义务和责任的，应书面说明履行情况或书面承诺继续履行相关义务和责任；

（7）申请人申请前2年内联合年检证明；

（8）申请人出具的拟转B股流通的非上市外资股股东持有该非上市外资股的期限超过1年的书面证明；

（9）拟转B股流通的非上市外资股股东出具的关于非上市外资股转为流通股后继续持有1年以上的书面承诺；

（10）申请人的《外商投资企业批准证书》和《营业执照》复印件。

【风险提示】

1. 募集设立的股份有限公司要符合实缴出资和法定验资的规定，发起人中至少有一个应为外国股东，并应提供该外国股东居所所在地注册会计师审计的财务报告。

2. 发起人在公司发行的股份缴足之前应同为缴纳股款的股东承担连带认缴责任。当公司不能设立即设立失败时，发起人为设立行为所发生的费用和债务负连带责任，以保护相对人的利益。

3. 发起人在成立1年之内，上市1年之内不能转让其股份。外商投资股份有限公司的发起人股份的转让，须在公司设立登记3年后进行，并经公司原审批机关批准，予以更加严格的时间限制。

【相关案例】

2011 年 2 月 11 日，鲍增良签署《声明与承诺函》和《提示函》，同意通过持股公司持有博洛尼家居用品（北京）有限公司的股权。同日，中盈信达公司通过《章程修正案》并办理工商变更登记，鲍增良受让股权后投入公司 1474.93 元。此后，鲍增良向中盈信达公司转账 200 万元。2011 年 9 月中盈信达公司签署发起人协议及公司章程。2011 年 10 月，博洛尼家居用品（北京）有限公司变更为外商投资股份有限公司，并更名为博洛尼公司。此后博洛尼公司继续推进上市进程，但在案件审理期间尚未上市。鲍增良请求返还投资款及利息。①

本案经过审理，法院认为鲍增良签署《声明与承诺函》和《提示函》系本人真实意思表示，合法有效。博洛尼公司系外商投资股份有限公司，鲍增良通过代持公司实际持有法人股的行为，系双方当事人规避法律规定的行为。但证券监管部门的规范性文件或规则不属于合同法第 52 条中规定的效力性、强制性规定，因此双方约定的股权代持协议有效。由于《声明与承诺函》中明确约定“鲍增良持有的持股公司的股权不存在权益调整、股权回购或者其他类似安排”，鲍增良不能要求返还出资。至于鲍增良要求退还对于中盈信达公司出资差额的要求，《提示函》中已明确博洛尼公司的上市筹备计划，因此也不予支持。

第三节　外商投资性公司

【规则要点】

外商投资性公司可以是有限责任公司或者股份有限公司。不涉及特别准入管理措施的外商投资性公司、外商创业投资企业的设立和变更适用《外商投资信息报告办法》的有关规定。

---

① 鲍增良诉博洛尼家居用品（北京）股份有限公司等股东出资纠纷案，（2015）大民（商）初字第 16665 号。

【理解与适用】

一、外商投资性公司概述

外商投资性公司，是指外国投资者在中国以独资或与中国投资者合资的形式设立的从事直接投资的公司。公司形式为有限责任公司或股份有限公司。外商投资性公司的设立目的是进行直接投资，并不直接从事生产性活动，其主要是为其投资者以及其所投资的企业提供与投资相关的信息以及其他服务。其特殊性在于经营范围，即“从事直接投资”，正因为其经营范围的特殊性，中国才对其进行了特殊的规定。

外商投资性公司虽在中国设立为中国法人，但是其所利用的资金直接或间接来源于国外或者是在中国投资产生的合法性收益，具有外资属性，因此，外商投资性公司的投资和再投资视同境外投资者在中国的投资，其投资的下属企业可以享受外商投资企业的待遇。

二、外商投资性公司的设立

（一）外商投资性公司的设立条件

申请设立外商投资性公司应符合下列条件：

（1）外国投资者资信良好，拥有举办投资性公司所必需的经济实力，申请前1年该投资者的资产总额不低于4亿美元，且该投资者在中国境内已设立了外商投资企业，其实际缴付的注册资本的出资额超过1000万美元，或者外国投资者资信良好，拥有举办投资性公司所必需的经济实力，该投资者在中国境内已设立了10个以上外商投资企业，其实际缴付的注册资本的出资额超过3000万美元；

（2）以合资方式设立投资性公司的，中国投资者应为资信良好，拥有举办投资性公司所必需的经济实力，申请前1年该投资者的资产总额不低于1亿元人民币。

申请设立投资性公司的外国投资者应为一家外国的公司、企业或经济组织，若外国投资者为2个以上的，其中应至少有一名占大股权的外国投资者符合第（1）项的规定。符合第（1）项条件的外国投资者也可以其全资拥有的子公司的名义投资设立投资性公司。

（二）外商投资性公司的设立程序

1. 备案管理

根据《外商投资信息报告办法》的规定，其具体备案管理的设立变更程序和材料提交，请参见第三章第二节有关外商投资备案管理的部分。

2. 审批程序

申请设立涉及外商特别管理准入措施的投资性公司，投资者应将下列文件经拟设立投资性公司所在地的省、自治区、直辖市、计划单列市商务主管部门审核同意后，报商务部审查批准：

（1）设立合资的投资性公司投资各方签署的申请报告、合同、章程；设立独资的投资性公司外国投资者签署的外资企业申请表、可行性研究报告、章程；

（2）投资各方的资信证明文件、注册登记证明文件（复印件）和法定代表人证明文件（复印件）；

（3）外国投资者已投资企业的批准证书（复印件）、营业执照（复印件）；

（4）依法审计的投资各方近3年的资产负债表；

（5）外国投资者应提交的保证函，保证其所设立的投资性公司在中国境内投资的注册资本的缴付和属于该外国投资者或者关联公司的技术转让；

（6）商务部要求的其他文件。

上述文件除已注明为复印件的，一律应为正式文件。非法定代表人签署文件的，应出具法定代表人的委托授权书。委托依法设立的中介机构代为办理申请手续的，应出具由投资者法定代表人签署的委托授权书。

外国投资者以境外人民币投资设立外商投资性公司的，省级商务主管部门在《跨境人民币直接投资情况表》上签章后，报商务部审核；商务部在收到省级商务主管部门报送的《跨境人民币直接投资情况表》后，在5个工作日内完成审核或提出审核意见，地方商务主管部门可出具外商投资企业批准证书。

3. 出资问题

外国投资者须以可自由兑换的货币或其在中国境内获得的人民币利润

或因转股、清算等活动获得的人民币合法收益作为其向投资性公司注册资本的出资。中国投资者可以人民币出资。外国投资者以其人民币合法收益作为其向投资性公司注册资本出资的，应当提交外汇管理部门出具的境内人民币利润或其他人民币合法收益再投资的资本项目外汇业务核准件等相关证明文件及税务凭证。

投资性公司的注册资本中至少应有3000万美元作为向其投资新设立的外商投资企业的出资，或作为向其母公司或关联公司已投资设立外商投资企业（已依法办理完毕股权转让手续）未缴付完毕的出资额的出资，或增资部分的出资，或用于设立研发中心等机构的投资，或用于购买中国境内公司股东的股权（不包括投资性公司母公司或其关联公司已缴付完毕的出资额形成的股权）。

三、外商投资性公司的经营范围

（一）外商投资性公司可以经营的业务

投资性公司经商务部批准设立后，可以依其在中国从事经营活动的实际需要，经营下列业务：

1. 在国家允许外商投资的领域依法进行投资。

2. 受其所投资企业的书面委托（经董事会一致通过），向其所投资企业提供下列服务：

（1）协助或代理其所投资的企业从国内外采购该企业自用的机器设备、办公设备和生产所需的原材料、元器件、零部件和在国内外销售其所投资企业生产的产品，并提供售后服务。

（2）在外汇管理部门的同意和监督下，在其所投资企业之间平衡外汇。

（3）为其所投资企业提供产品生产、销售和市场开发过程中的技术支持、员工培训、企业内部人事管理等服务。

（4）协助其所投资企业寻求贷款及提供担保。

3. 在中国境内设立科研开发中心或部门，从事新产品及高新技术的研究开发，转让其研究开发成果，并提供相应的技术服务。

4. 为其投资者提供咨询服务，为其关联公司提供与其投资有关的市场信息、投资政策等咨询服务。

5. 承接其母公司和关联公司的服务外包业务。

（二）投资性公司所投资企业的条件

投资性公司所投资企业，是指符合下列条件的企业：

（1）投资性公司直接投资或与其他外国投资者和/或中国投资者共同投资，投资性公司中折算出的外国投资者的投资单独或与其他外国投资者一起投资的比例占其所投资设立企业注册资本的25%以上的企业；

（2）投资性公司将其投资者或其关联公司、其他外国投资者以及中国境内投资者在中国境内已投资设立的企业的股权部分或全部收购，投资性公司中折算出的外国投资者的投资单独或与其他外国投资者的投资额共同占该已设立企业的注册资本25%以上的企业；

（3）投资性公司的投资额不低于其所投资设立企业的注册资本的10%。

投资性公司从事货物进出口或者技术进出口的，应符合商务部《对外贸易经营者备案登记办法》的规定；投资性公司出口产品可按有关规定办理出口退税。

投资性公司可通过佣金代理（拍卖除外）、批发方式在国内销售其进口及在国内采购的商品；特殊商品及以零售和特许经营方式销售的，应符合相关规定。经中国银行保险监督管理委员会批准，投资性公司可向其所投资设立的企业提供财务支持。

（三）投资性公司满足一定条件后可从事的其他业务

根据商务部《关于外商投资举办投资性公司的规定》第15条的规定，投资性公司设立后，依法经营，无违法纪录，注册资本按照章程的规定按期缴付，投资者实际缴付的注册资本额不低于3000万美元且已用于本规定第8条所规定的用途，投资性公司经所在地的省、自治区、直辖市或计划单列市商务主管部门审核同意，向商务部提出申请，并获批准的，还可依其在中国从事经营活动的实际需要，依照国家有关规定，经营下列业务：

1. 受所投资企业的书面委托（经董事会一致通过），开展下列业务：

（1）在国内外市场以经销的方式销售其所投资企业生产的产品；

（2）为其所投资企业提供运输、仓储等综合服务。

2. 以代理、经销或设立出口采购机构（包括内部机构）的方式出口境内商品，并可按有关规定办理出口退税。

3. 购买所投资企业生产的产品进行系统集成后在国内外销售，如所投资企业生产的产品不能完全满足系统集成需要，允许其在国内外采购系统集成配套产品，但所购买的系统集成配套产品的价值不应超过系统集成所需全部产品价值的50%。

4. 为其所投资企业的产品的国内经销商、代理商以及与投资性公司、其母公司或其关联公司签有技术转让协议的国内公司、企业提供相关的技术培训。

5. 在其所投资企业投产前或其所投资企业新产品投产前，为进行产品市场开发，允许投资性公司从其母公司进口与其所投资企业生产产品相关的母公司产品在国内试销。

6. 为其所投资企业提供机器和办公设备的经营性租赁服务，或依法设立经营性租赁公司。

7. 为其进口的产品提供售后服务。

8. 参与有对外承包工程经营权的中国企业的境外工程承包。

9. 在国内销售（不含零售）投资性公司进口的母公司产品。

符合商务部《关于外商投资举办投资性公司的规定》第15条有关条件的投资性公司，在其所投资企业投产前或其所投资企业新产品投产前，为进行市场开发，可进口相关产品在国内试销，并可委托境内其他企业生产或加工其产品或母公司的产品并在国内外销售，但外商投资性公司不得直接从事生产活动。

【风险提示】

1. 外商投资性公司主要是进行投资活动，不得直接从事生产活动。

2. 外商投资性公司视为外国投资者，适用《外商投资信息报告办法》的规定。

3. 符合外商投资性公司设立和经营条件，以及投资性公司所投资企业也应当符合相应条件。

4. 外商投资创业公司参考商务部《关于外商投资举办投资性公司的规定》。

【法条指引】

关于外商投资举办投资性公司的规定（节录）

第一条 为了促进外国投资者来华投资，引进国外先进技术和管理经验，允许外国投资者根据中国有关外国投资的法律、法规及本规定，在中国设立投资性公司。

第二条 本规定中投资性公司系指外国投资者在中国以独资或与中国投资者合资的形式设立的从事直接投资的公司。公司形式为有限责任公司或股份有限公司。

第五章

外商投资合伙企业

第一节　外商投资合伙企业概述

【规则要点】

合伙企业是非法人组织，包括普通合伙企业和有限合伙企业。外国企业或者个人在中国境内设立合伙企业，应当遵守合伙企业法以及其他有关法律、行政法规、规章的规定，符合有关外商投资的产业政策。

【理解与适用】

一、合伙企业概述

合伙企业，是指自然人、法人和其他组织依法在中国境内设立的普通合伙企业和有限合伙企业。合伙人为实现共同目的而相互约定，共同经营，共担风险，共享收益的一种联合体。中国的合伙企业分为普通合伙企业和有限合伙企业，普通合伙中还包括特殊普通合伙，比如律师事务所、会计师事务所等等，普通合伙人对合伙企业债务承担无限连带责任，有限合伙企业中的有限合伙人以出资为限对公司债务承担有限责任。

根据《中华人民共和国民法总则》第 102 条规定，“非法人组织是不具有法人资格，但是能够依法以自己的名义从事民事活动的组织。非法人组织包括个人独资企业、合伙企业、不具有法人资格的专业服务机构等”。因此，合伙组织属于非法人组织，但是可以以自己的名义从事民事活动，是第三类民事主体。

二、外商投资合伙企业概述

（一）外商投资合伙企业概念

根据外商投资法第31条的规定，外商投资企业的组织形式、组织机构及其活动准则，适用公司法、合伙企业法的规定。根据《外国企业或者个人在中国境内设立合伙企业管理办法》第2条的规定，外国投资者可以在中国境内设立合伙企业。外国企业或者个人在中国境内设立合伙企业，是指2个以上外国企业或者个人在中国境内设立合伙企业，以及外国企业或者个人与中国的自然人、法人和其他组织在中国境内设立合伙企业。

（二）外商投资合伙企业的形式与分类

外国投资者在中国境内设立合伙企业，有3种情形：

第一种是2个或2个以上外国企业或者个人在中国境内设立合伙企业；

第二种是外国企业或者个人与中国的自然人、法人和其他组织在中国境内设立合伙企业；

第三种是中国的自然人、法人和其他组织在中国境内设立合伙企业后，外商通过入伙或者受让合伙财产份额的方式成为合伙人。

外商投资合伙企业类型包括外商投资普通合伙企业（含特殊的普通合伙企业）和外商投资有限合伙企业。

（三）外商投资合伙企业的特征

从外商投资合伙企业的设立方式来看，外商投资合伙企业的特征有以下几点：

（1）合伙人一方是外资，即为外商投资合伙企业。合伙人既可以是外国公司、其他经济组织或个人，也可以是中国的公司、其他经济组织或自然人，可以是设立外商独资合伙企业或中外合作合伙企业，也可以是新设立合伙企业，还可以通过外资加入的方式，改变境内合伙企业的出资比例；

（2）合伙企业的设立以合伙协议为基础，合伙协议起到公司中类似章程的作用；

（3）全体合伙人共同出资，共同经营，共负盈亏，共担风险，对外承担无限连带责任。

外国企业或者个人在中国境内设立合伙企业，其合法权益受法律保护。合伙企业的出资形式比较灵活，外国企业或者个人用于出资的货币应当是可自由兑换的外币，也可以是依法获得的人民币。

（四）法律适用

外商投资合伙企业适用的法律法规主要有合伙企业法、《中华人民共和国合伙企业登记管理办法》、《外国企业或者个人在中国境内设立合伙企业管理办法》和《外商投资合伙企业登记管理规定》，外商投资的投资性公司、创业投资性公司在中国境内设立合伙企业或者申请入伙中国自然人、法人和其他组织在中国境内已经设立的合伙企业的，同样适用上述法律法规的有关规定。

外国企业或者个人在中国境内设立合伙企业，应当遵守合伙企业法以及其他有关法律、行政法规、规章的规定，符合有关外商投资的产业政策。外商投资设立普通合伙企业和有限合伙企业的合伙协议、合伙事务执行、入伙与退伙、合伙企业与第三人的关系以及有关特殊普通合伙企业的规定，适用合伙企业法的有关规定。外国企业或者个人在中国境内设立合伙企业涉及的财务会计、税务、外汇以及海关、人员出入境等事宜，依照有关法律、行政法规和国家有关规定办理。本章仅介绍外商投资合伙企业的设立、变更登记、分支机构登记，解散、清算与注销登记等内容。

【法条指引】

中华人民共和国合伙企业法（节录）

第二条 本法所称合伙企业，是指自然人、法人和其他组织依照本法在中国境内设立的普通合伙企业和有限合伙企业。

普通合伙企业由普通合伙人组成，合伙人对合伙企业债务承担无限连带责任。本法对普通合伙人承担责任的形式有特别规定的，从其规定。

有限合伙企业由普通合伙人和有限合伙人组成，普通合伙人对合伙企业债务承担无限连带责任，有限合伙人以其认缴的出资额为限对合伙企业债务承担责任。

第一百零八条 外国企业或者个人在中国境内设立合伙企业的管理办

法由国务院规定。

外国企业或者个人在中国境内设立合伙企业管理办法（节录）

第二条 本办法所称外国企业或者个人在中国境内设立合伙企业，是指2个以上外国企业或者个人在中国境内设立合伙企业，以及外国企业或者个人与中国的自然人、法人和其他组织在中国境内设立合伙企业。

第三条 外国企业或者个人在中国境内设立合伙企业，应当遵守《合伙企业法》以及其他有关法律、行政法规、规章的规定，符合有关外商投资的产业政策。

外国企业或者个人在中国境内设立合伙企业，其合法权益受法律保护。

国家鼓励具有先进技术和管理经验的外国企业或者个人在中国境内设立合伙企业，促进现代服务业等产业的发展。

第二节 外商投资合伙企业的设立与变更

【规则要点】

无论是外商投资有限合伙还是外商投资普通合伙，合伙企业的设立登记事项包括：名称、出资、主要经营场所、合伙人、合伙协议、合伙类型等。

外国自然人可以用劳务出资，如用实物、知识产权、土地使用权或者其他财产权利出资，可以协商作价或者委托评估机构评估作价。

合伙企业的设立和变更登记都要符合相关法律的规定。不涉及特别管理措施的外商投资合伙企业适用备案管理。

【理解与适用】

一、外商投资合伙企业的设立

外国企业或者个人在中国境内设立合伙企业，应当由全体合伙人指定的代表或者共同委托的代理人向国务院工商行政管理部门授权的地方工商行政管理部门申请设立登记。[①] 申请设立登记，应当向企业登记机关提交《中华人民共和国合伙企业登记管理办法》《外商投资合伙企业登记管理规定》规定的文件以及符合外商投资产业政策的说明。根据《外商投资准入特别管理措施（负面清单）（2020 年版）》的规定，投资有股权要求的领域，不得设立外商投资合伙企业。

（一）设立条件

1. 积极条件

（1）遵守合伙企业法以及其他有关法律、行政法规、规章的规定；

（2）符合外商投资产业政策；

（3）国家鼓励具有先进技术和管理经验的外国企业或者个人在中国境内设立合伙企业，促进现代服务业等产业的发展。

2. 消极条件

（1）负面清单中对外资有股权比例要求的项目，不得设立外商投资合伙企业；

（2）国有独资公司、国有企业、上市公司以及公益性的事业单位、社会团体不得成为普通合伙人。

（二）设立登记

1. 登记事项

根据《外商投资合伙企业登记管理规定》，外商投资合伙企业的登记事项应当包括：

（1）名称；

（2）主要经营场所；

（3）执行事务合伙人；

（4）经营范围；

（5）合伙企业类型；

（6）合伙人姓名或者名称及住所、承担责任方式、认缴或者实际缴付的出资数额、缴付期限、出资方式和评估方式。

合伙协议约定合伙期限的，登记事项还应当包括合伙期限。执行事务

① 2018 年国家机构改革后由国家市场监督管理部门负责核准登记事项。

合伙人是外国企业、中国法人或者其他组织的，登记事项还应当包括外国企业、中国法人或者其他组织委派的代表（以下简称委派代表）。

2. 申请设立登记提交文件

申请设立外商投资合伙企业，应当向企业登记机关提交下列文件：

（1）全体合伙人签署的设立登记申请书；

（2）全体合伙人签署的合伙协议；

（3）全体合伙人的主体资格证明或者自然人身份证明；

（4）主要经营场所证明；

（5）全体合伙人指定代表或者共同委托代理人的委托书；

（6）全体合伙人对各合伙人认缴或者实际缴付出资的确认书；

（7）全体合伙人签署的符合外商投资产业政策的说明；

（8）与外国合伙人有业务往来的金融机构出具的资信证明；

（9）外国合伙人与境内法律文件送达接受人签署的《法律文件送达授权委托书》；

（10）其他相关文件。

法律、行政法规或者国务院规定设立外商投资合伙企业须经批准的，还应当提交有关批准文件。企业登记机关予以登记的，应当同时将有关登记信息向同级商务主管部门通报。

外国合伙人的主体资格证明或者自然人身份证明和境外住所证明应当经其所在国家主管机构公证、认证并经中国驻该国使（领）馆认证。香港特别行政区、澳门特别行政区和台湾地区合伙人的主体资格证明或者自然人身份证明和境外住所证明应当依照现行相关规定办理。

《法律文件送达授权委托书》应当明确授权境内被授权人代为接受法律文件送达，并载明被授权人姓名或者名称、地址及联系方式。被授权人可以是外国合伙人在中国境内设立的企业、拟设立的外商投资合伙企业（被授权人为拟设立的外商投资合伙企业的，外商投资合伙企业设立后委托生效）或者境内其他有关单位或者个人。

外商投资合伙企业的名称应当符合国家有关企业名称登记管理的规定。外商投资合伙企业主要经营场所只能有一个，并且应当在其企业登记机关登记管辖区域内。

合伙协议未约定或者全体普通合伙人未决定委托执行事务合伙人的，

全体普通合伙人均为执行事务合伙人。有限合伙人不得成为执行事务合伙人。

外商投资合伙企业类型包括外商投资普通合伙企业（含特殊的普通合伙企业）和外商投资有限合伙企业。法律、行政法规规定设立特殊的普通合伙企业，需要提交合伙人的职业资格证明的，应当向企业登记机关提交有关证明。

3. 审批事项

外商投资合伙企业的经营范围中有属于法律、行政法规或者国务院规定在登记前须经批准的行业的，应当向企业登记机关提交批准文件。应遵守《外商投资准入特别管理措施（负面清单）（2020 年版）》和《市场准入负面清单》的规定。

（三）出资问题

外国合伙人用其从中国境内依法获得的人民币出资的，应当提交外汇管理部门出具的境内人民币利润或者其他人民币合法收益再投资的资本项目外汇业务核准件等相关证明文件。

以实物、知识产权、土地使用权或者其他财产权利出资，由全体合伙人协商作价的，应当向企业登记机关提交全体合伙人签署的协商作价确认书；由全体合伙人委托法定评估机构评估作价的，应当向企业登记机关提交中国境内法定评估机构出具的评估作价证明。

外国普通合伙人以劳务出资的，应当向企业登记机关提交外国人就业许可文件，具体程序依照国家有关规定执行。

（四）签发营业执照

申请人提交的登记申请材料齐全、符合法定形式，企业登记机关能够当场登记的，应予当场登记，并发放合伙企业营业执照。不能当场发放的，企业登记机关应当自受理申请之日起 20 日内，作出是否登记的决定。予以登记的，发给合伙企业营业执照；不予登记的，应当给予书面答复，并说明理由。合伙企业营业执照的签发日期，为外商投资合伙企业的成立日期。

二、外商投资合伙企业分支机构

外商投资合伙企业设立分支机构，应当向分支机构所在地的企业登记机关申请设立登记。

（一）设立分支机构登记事项

分支机构的登记事项包括：分支机构的名称、经营场所、经营范围、分支机构负责人的姓名及住所。分支机构的经营范围不得超出外商投资合伙企业的经营范围。外商投资合伙企业有合伙期限的，分支机构的登记事项还应当包括经营期限。分支机构的经营期限不得超过外商投资合伙企业的合伙期限。

（二）申请分支机构登记的文件

外商投资合伙企业设立分支机构，应当向分支机构所在地的企业登记机关提交下列文件：

（1）分支机构设立登记申请书；

（2）全体合伙人签署的设立分支机构的决定书；

（3）加盖合伙企业印章的合伙企业营业执照复印件；

（4）全体合伙人委派执行分支机构事务负责人的委托书及其身份证明；

（5）经营场所证明；

（6）国务院工商行政管理部门规定提交的其他文件。

分支机构的经营范围中有属于法律、行政法规或者国务院规定在登记前须经批准的行业的，应当向分支机构所在地的企业登记机关提交批准文件。外商投资合伙企业设立、变更、注销分支机构备案即可，不再要求省级及以下工商行政管理部门审批。① 取消该事项后，工商和市场监管部门通过以下措施加强事中事后监管：建设维护好信息系统，完善规章制度，明确分支机构设立、变更、注销信息要及时推送、及时更新、及时掌握，加强部门协同监管。

外商投资合伙企业申请分支机构变更登记或者注销登记，比照本规定关于外商投资合伙企业变更登记、注销登记的规定办理。

（三）时限

外商投资合伙企业应当自分支机构设立登记之日起30日内，持加盖印章的分支机构营业执照复印件，到原企业登记机关办理备案。分支机构登

---

① 《国务院关于取消一批行政许可等事项的决定》（国发〔2018〕28号）规定。

记事项变更的，隶属企业应当自变更登记之日起30日内到原企业登记机关办理备案。分支机构营业执照的签发日期，为外商投资合伙企业分支机构的成立日期。

三、外商投资合伙企业的变更

（一）变更登记

根据《外商投资合伙企业登记管理规定》，外商投资合伙企业登记事项发生变更的，该合伙企业应当自作出变更决定或者发生变更事由之日起15日内，向原企业登记机关申请变更登记。

（二）申请变更登记提交的文件

合伙企业申请变更登记，应当向原企业登记机关提交下列文件：

（1）执行事务合伙人或者委派代表签署的变更登记申请书；

（2）全体合伙人签署的变更决定书，或者合伙协议约定的人员签署的变更决定书；

（3）国务院工商行政管理部门规定提交的其他文件。

法律、行政法规或者国务院规定变更事项须经批准的，还应当提交有关批准文件。

变更执行事务合伙人、合伙企业类型、合伙人姓名或者名称、承担责任方式、认缴或者实际缴付的出资数额、缴付期限、出资方式和评估方式等登记事项的，有关申请文书的签名应当经过中国法定公证机构的公证。

（三）变更事项

1. 变更主要经营场所

外商投资合伙企业变更主要经营场所的，应当申请变更登记，并提交新的主要经营场所使用证明。外商投资合伙企业变更主要经营场所在原企业登记机关辖区外的，应当向迁入地企业登记机关申请办理变更登记；迁入地企业登记机关受理的，由原企业登记机关将企业登记档案移送迁入地企业登记机关。

2. 执行事务合伙人变更

外商投资合伙企业执行事务合伙人变更的，应当提交全体合伙人签署的修改后的合伙协议。新任执行事务合伙人是外国企业、中国法人或者其他组织的，还应当提交其委派代表的委托书和自然人身份证明。执行事务合伙人委派代表变更的，应当提交继任代表的委托书和自然人身份证明。

3. 变更经营范围

外商投资合伙企业变更经营范围的，应当提交符合外商投资产业政策的说明。变更后的经营范围有属于法律、行政法规或者国务院规定在登记前须经批准的行业的，合伙企业应当自有关部门批准之日起30日内，向原企业登记机关申请变更登记。外商投资合伙企业的经营范围中属于法律、行政法规或者国务院规定须经批准的项目被吊销、撤销许可证或者其他批准文件，或者许可证、其他批准文件有效期届满的，合伙企业应当自吊销、撤销许可证、其他批准文件或者许可证有效期届满之日起30日内，向原企业登记机关申请变更登记或者注销登记。

4. 变更合伙企业类型

外商投资合伙企业变更合伙企业类型的，应当按照拟变更企业类型的设立条件，在规定的期限内向企业登记机关申请变更登记，并依法提交有关文件。

5. 合伙人变更姓名（名称）或者住所

外商投资合伙企业合伙人变更姓名（名称）或者住所的，应当提交姓名（名称）或者住所变更的证明文件。外国合伙人的姓名（名称）、国家（地区）或者境外住所变更证明文件应当经其所在国家主管机构公证认证并经中国驻该国使（领）馆认证。香港特别行政区、澳门特别行政区和台湾地区合伙人的姓名（名称）、地区或者境外住所变更证明文件应当依照现行相关规定办理。

6. 合伙人增资与减资

合伙人增加或者减少对外商投资合伙企业出资的，应当向原企业登记机关提交全体合伙人签署的或者合伙协议约定的人员签署的对该合伙人认缴或者实际缴付出资的确认书。

7. 入伙与退伙

新合伙人入伙的，外商投资合伙企业应当向原登记机关申请变更登记。新合伙人通过受让原合伙人在外商投资合伙企业中的部分或者全部财产份额入伙的，应当提交财产份额转让协议。

外商投资合伙企业的外国合伙人全部退伙，该合伙企业继续存续的，应当依照《中华人民共和国合伙企业登记管理办法》规定的程序申请变更登记。

（四）变更登记其他程序

合伙协议修改未涉及登记事项的，外商投资合伙企业应当将修改后的合伙协议或者修改合伙协议的决议送原企业登记机关备案。

外国合伙人变更境内法律文件送达接受人的，应当重新签署《法律文件送达授权委托书》，并向原企业登记机关备案。

外商投资合伙企业变更登记事项涉及营业执照变更的，企业登记机关应当换发营业执照。

【风险提示】

1. 外商投资合伙企业在使用名称中应该按照企业登记机关核准的名称标明“普通合伙”、“特殊普通合伙”或者“有限合伙”字样。

2. 有限合伙人不得以劳务出资，有限合伙人不得成为执行事务合伙人。

第三节 外商投资合伙企业的解散、清算

【规则要点】

当出现法定解散事由时，合伙企业应当解散并进行清算，清算后应办理注销登记。

对于法律责任的承担，当合伙企业和合伙人均资不抵债时，合伙企业债权人优先从合伙企业受偿，合伙人的单独债权人优先从合伙人的单独财产中受偿，即两类债权人同时分别优先受偿。

【理解与适用】

一、合伙企业解散原因

根据合伙企业法的规定，合伙企业有下列情形之一的，应当解散：

（1）合伙期限届满，合伙人决定不再经营；

（2）合伙协议约定的解散事由出现；

（3）全体合伙人决定解散；

（4）合伙人已不具备法定人数满 30 天；

（5）合伙协议约定的合伙目的已经实现或者无法实现；

（6）依法被吊销营业执照、责令关闭或者被撤销；

（7）法律、行政法规规定的其他原因。

二、合伙企业清算

（一）清算人

合伙企业解散，应当由清算人进行清算。清算人由全体合伙人担任；经全体合伙人过半数同意，可以自合伙企业解散事由出现后 15 日内指定一个或者数个合伙人，或者委托第三人担任清算人。自合伙企业解散事由出现之日起 15 日内未确定清算人的，合伙人或者其他利害关系人可以申请人民法院指定清算人。

（二）清算职权

清算人在清算期间执行下列事务：

（1）清理合伙企业财产，分别编制资产负债表和财产清单；

（2）处理与清算有关的合伙企业未了结事务；

（3）清缴所欠税款；

（4）清理债权、债务；

（5）处理合伙企业清偿债务后的剩余财产；

（6）代表合伙企业参加诉讼或者仲裁活动。清算期间，合伙企业存续，但不得开展与清算无关的经营活动。

三、外商投资合伙企业的注销登记

外商投资合伙企业解散的，应当依照合伙企业法的规定进行清算。清算人应当自清算结束之日起 15 日内，依法向企业登记机关办理注销登记。企业登记机关应当同时将有关变更登记或注销登记的信息向同级商务主管部门通报。外商投资合伙企业解散，应当依照合伙企业法的规定由清算人进行清算。清算人应当自被确定清算之日起 10 日内，将清算人成员名单向企业登记机关备案。

合伙企业办理注销登记，应当提交下列文件：

（1）清算人签署的注销登记申请书；

（2）人民法院的破产裁定，合伙企业依照合伙企业法作出的决定，行政机关责令关闭、合伙企业依法被吊销营业执照或者被撤销的文件；

（3）全体合伙人签名、盖章的清算报告；

（4）国务院工商行政管理部门规定提交的其他文件。

有分支机构的外商投资合伙企业申请注销登记，还应当提交分支机构的注销登记证明。外商投资合伙企业办理注销登记时，应当缴回营业执照。经企业登记机关注销登记，外商投资合伙企业终止。

四、合伙企业的法律责任

合伙企业对其债务，应先以其全部财产进行清偿。合伙企业不能清偿到期债务的，普通合伙人承担无限连带责任。当合伙企业和合伙人均资不抵债时，合伙企业债权人优先从合伙企业受偿，合伙人的单独债权人优先从合伙人的单独财产中受偿，即两类债权人同时分别优先受偿。而且合伙企业财产还债后的剩余部分应按比例分配给各合伙人，并视为单独财产的一部分，用来清偿单独债权人。反之，单独财产还债后的剩额也应用来清偿合伙债务。

【风险提示】

合伙企业被宣告破产或者被注销后，原普通合伙人对合伙企业存续期间的债务仍应承担无限连带责任。

【相关案例】

云玉妹（WOON JOKE MUI）为新加坡籍公民。经王鼎顺接洽，云玉妹与海星公司合伙设立闽侯县上街蒂多餐饮店，双方各自出资25万元，但未签订书面的合伙协议。蒂多餐饮店店面装修时形成对外债务27440元。双方租赁了一间临时店面作为经营场所，支付了2016年的租金，并交纳了履约保证金41534.64元。2016年4月19日，餐饮店正式开业经营。7月12日，海星公司将闽侯县上街蒂多餐饮店关闭，停止营业，双方因此发生争议。[1]

本案经过审理，法院认为，根据合伙企业法的规定，外国企业或者个人在中国境内设立合伙企业的管理办法由国务院规定。2010 年 3 月 1 日，国务院颁布施行了《外国企业或者个人在中国境内设立合伙企业管理办法》（以下简称《管理办法》）。根据《管理办法》，外商投资合伙企业解散的，应当依照合伙企业法的规定进行清算。由于双方亦表示无法继续合作经营，合伙目的已经无法实现，因此属于法定解散情形。但双方无书面合伙协议，又对经营期间的收支存在争议且不同意法院委托第三方进行审计清算，因此法院支持双方解除合伙关系，但不支持财产清算分割及赔偿请求。

① 云玉妹（WOON JOKE MUI）诉被告福州开发区海星贸易有限公司合伙协议纠纷案，（2016）闽 0105 民初 1100 号。

第六章

中外合资经营企业

由于外商投资法的审议通过，根据内外资一致管理的原则新设立的外商投资企业的组织形式、组织机构及其活动准则，适用公司法、合伙企业法等法律的规定。外商投资法自 2020 年 1 月 1 日起施行，中外合资经营企业法及其实施条例同时废止，外商投资法施行前依照中外合资经营企业法成立的中外合资经营企业，在外商投资法施行后 5 年内可以继续保留原企业组织形式等。具体实施办法由国务院规定。因此，本章仅介绍传统的中外合资经营企业的有关法律制度。

第一节　中外合资经营企业概述

【规则要点】

中外合资经营企业又称股权式合营企业，虽然共同投资、共同经营，按照出资比例分享利润，分担风险及亏损等内容与合伙企业类似，但是中外合资经营企业是法人，而合伙企业不具有法人资格。

【理解与适用】

一、中外合资经营企业的概念

中外合资经营企业亦称股权式合营企业（以下简称合营企业），是指中国合营者与外国合营者按照平等互利的原则，经中国政府批准，依照中华人民共和国法律的规定，在中国境内共同投资、共同经营，按照出资比例分享利润，分担风险及亏损的企业。合营企业的形式为有限责任公司。在合营企业的注册资本中，外国合营者的投资比例一般不低于25%。合营各方按注册资本比例分享利润和分担风险及亏损。合营者的注册资本如果转让必须经合营各方同意。

二、中外合资经营企业的法律特征

1. 投资者双方的国籍不同

中外合资经营企业的一方投资者为中国的公司、企业或其他经济组织，另一方则为外国公司、企业和其他经济组织或个人。如果投资双方都为中国的法律主体，则该企业属于国内联营企业的范畴；如果投资双方都为外国的法律主体，则该企业属于外资企业。

2. 中外合资经营企业是中国的法人，受中国法律的管辖和保护

中外合资经营企业应当依据中国法律关于法人条件的规定而设立有限责任公司，并依法取得中国法人资格。

3. 中外投资双方依照有关法律的规定，认缴中外合资经营企业的注册资本，按照各自投资比例分享企业利润、承担投资风险。

4. 中外投资双方共同参加企业的生产经营和企业管理活动，依法建立企业的经营管理机构。

三、中外合资经营企业的立法概况

中国自1979年以来颁布了一系列关于中外合资经营企业的法律和法规，包括中外合资经营企业法、《中华人民共和国中外合资经营企业法实施条例》、《关于中外合资经营企业注册资本与投资总额比例的暂行规定》等。为了适应经济发展的需要，中国于2014年2月19日对《中华人民共和国中外合资经营企业法实施条例》相关规定作了修改，2016年9月3日对中外合资经营企业法作了相应的修改。自2020年1月1日外商投资法开始施行之日起，中外合资经营企业法及其实施条例同时废止。

第二节 中外合资经营企业的设立与变更

【规则要点】

企业设立是设立企业的一系列过程，不同于设立登记行为，也不同于取得企业法人资格的成立状态。在中国境内设立中外合资经营企业的政府审批需要经过项目建议书、可行性研究报告和合同及章程审批的3个阶段。不涉及特别管理措施的中外合资经营企业适用备案管理。

【理解与适用】

一、中外合资经营企业设立

（一）中外合资经营企业设立概念

中外合资经营企业设立，是指中外投资者双方按照中国法律规定的法定条件和程序，在合营企业成立之前为组建中外合资经营企业而采取的一系列法律行为。中外合资经营企业设立不等同于设立登记，登记仅仅是中外合资经营企业设立行为的最后一步，是投资者与主管登记机关之间的行为；中外合资经营企业设立也不等于成立，合营企业成立不是一种法律行为，而是设立人取得中外合资经营企业法人资格的一种法律事实，是设立企业行为完成的法律后果。因此，中外合资经营企业设立的实质是一系列法律行为的总称。

（二）中外合资经营企业设立的条件

中外合资经营企业设立的条件包括积极条件和消极条件两个方面。

1. 积极条件

在中国境内设立的中外合资经营企业，应当能够促进中国经济的发展和科学技术水平的提高，有利于社会主义现代化建设。国家鼓励、允许、限制或者禁止设立合营企业的行业，按照国家指导外商投资方向的规定及《外商投资产业指导目录》执行。

2. 消极条件

申请设立合营企业有下列情况之一的，不予批准：

（1）有损中国主权的；

（2）违反中国法律的；

（3）不符合中国国民经济发展要求的；

（4）造成环境污染的；

（5）签订的协议、合同、章程显属不公平，损害合营一方权益的。

（三）合营企业合同、协议、章程

需要审批的中外合资经营企业的设立通常需要经过项目建议书、可行性研究报告和合同及章程审批 3 个阶段。

第一阶段是立项阶段，中外合资双方就合资项目进行合作和谈判的意向签订项目建议书。

第二阶段是可行性研究报告阶段，项目建议书经过审批机关批准后，在其基础上制定可行性研究报告，可行性研究报告是中国政府主管机关是否同意审批合营项目的主要依据。

第三阶段为在可行性研究报告的基础上中外合资经营者具体签订合营企业的协议、合同和章程。

1. 合营企业协议

合营企业协议，是指合营各方对设立合营企业的某些要点和原则达成一致意见而订立的文件。协议的主要内容有合营各方的名称、合营项目的名称及要点、合营各方的出资方式、出资比例及出资额、合营企业的组织机构、各方名额的分配、产品的销售方式及内外销的比例、合营企业的期限等。

2. 合营企业合同

合营企业合同，是指合营各方为设立合营企业就相互权利、义务关系达成一致意见而订立的文件。

合营企业合同的主要内容包括：

（1）合营各方的名称、注册国家、法定地址和法定代表人的姓名、职务、国籍；

（2）合营企业名称、法定地址、宗旨、经营范围和规模；

（3）合营企业的投资总额，注册资本，合营各方的出资额、出资比例、出资方式、出资的缴付期限以及出资额欠缴、股权转让的规定；

（4）合营各方利润分配和亏损分担的比例；

（5）合营企业董事会的组成、董事名额的分配以及总经理、副总经理及其他高级管理人员的职责、权限和聘用办法；

（6）采用的主要生产设备、生产技术及其来源；

（7）原材料购买和产品销售方式；

（8）财务、会计、审计的处理原则；

（9）有关劳动管理、工资、福利、劳动保险等事项的规定；

（10）合营企业期限、解散及清算程序；

（11）违反合同的责任；

（12）解决合营各方之间争议的方式和程序；

（13）合同文本采用的文字和合同生效的条件。

合营企业合同的附件，与合营企业合同具有同等效力。合营企业合同的订立、效力、解释、执行及其争议的解决，均应当适用中国的法律。

3. 合营企业章程

合营企业章程，是指按照合营企业合同规定的原则，经合营各方一致同意，规定合营企业的宗旨、组织原则和经营管理方法等事项的文件。

合营企业章程应当包括下列主要内容：

（1）合营企业名称及法定地址；

（2）合营企业的宗旨、经营范围和合营期限；

（3）合营各方的名称、注册国家、法定地址、法定代表人的姓名、职务、国籍；

（4）合营企业的投资总额，注册资本，合营各方的出资额、出资比例、出资方式、出资缴付期限、股权转让的规定，利润分配和亏损分担的比例；

（5）董事会的组成、职权和议事规则，董事的任期，董事长、副董事长的职责；

（6）管理机构的设置，办事规则，总经理、副总经理及其他高级管理人员的职责和任免方法；

（7）财务、会计、审计制度的原则；

（8）解散和清算；

（9）章程修改的程序。

合营企业协议与合营企业合同有抵触时，以合营企业合同为准。经合营各方同意，可不订立合营企业协议而只订立合营企业合同、章程。

二、中外合资经营企业审批与备案管理

适用《外商投资准入特别管理措施（负面清单）（2020年版）》的中外合资经营企业需要经过审批，不涉及特别管理措施的中外合资经营企业应该适用《外商投资信息报告办法》的规定，即设立和变更登记实行备案管理制度。

根据中国有关法律和行政法规的规定，中外合资经营企业、中外合作经营企业、外资企业由国家市场监督管理总局或者国家市场监督管理总局授权的地方市场监督管理部门核准登记注册。各授权的地方市场监督管理部门按照登记管理权限和范围从事登记管理工作。经工商登记注册后，中外合资经营企业取得法人资格，其合法权益受到国家法律的保护。未经中外合资经营企业法人登记的工商登记主管机关核准登记注册，不得从事经营活动。

（一）合营企业审批登记

1. 审批机关

在中国境内涉及特别管理措施的中外合资经营企业根据情况需要经商务部或省级商务部门审查批准的，批准后发给批准证书。凡具备下列条件的，国务院授权省、自治区、直辖市人民政府或者国务院有关部门审批：

（1）投资总额在国务院规定的投资审批权限以内，中国合营者的资金来源已经落实的；

（2）不需要国家增拨原材料，不影响燃料、动力、交通运输、外贸出口配额等方面的全国平衡的。

依照上述规定批准设立的合营企业，应当报商务部备案。商务部和国务院授权的省、自治区、直辖市人民政府或者国务院有关部门，统称为审批机构。有关审批其他内容请参见第三章第二节外商投资审批与备案管理的有关规定。

2. 审批程序

审批机构自接到中外合营者共同向审批机构报送的全部文件之日起

3 个月内决定批准或者不批准。审批机构发现报送的文件有不当之处的，应当要求限期修改。合营企业协议、合同和章程经审批机构批准后生效，其修改时间相同。

3. 设立登记

根据有关法律的规定，合营企业批准后，应当自收到批准证书之日起 1 个月内，按照国家有关规定，向工商行政管理机关办理登记手续。

外商投资企业申请办理企业法人设立登记应当提交下列文件、证件：

（1）董事长签署的外商投资企业登记申请书；

（2）合同、章程以及审批机关的批准文件和批准证书；

（3）有关项目建议书或可行性研究报告的批准文件；

（4）投资者合法开业证明；

（5）投资者的资信证明；

（6）董事会名单以及董事会成员的姓名、住址的文件以及任职文件和法定代表人的身份证明；

（7）其他有关文件、证件。

外商投资企业登记注册的主要事项有：名称、住所、经营范围、投资总额、注册资本、企业类型、法定代表人、营业期限、分支机构、有限责任公司股东或者股份有限公司发起人的姓名或者名称。

合营企业的营业执照签发日期即为该合营企业的成立日期。凭借登记机关合法的企业法人营业执照，合资经营企业可刻制印章、开设银行账号、办理税务登记和财产登记，开展生产活动。

4. 变更登记

根据有关法律的规定，中外合资经营企业在经营过程中，如果其企业改变名称、住所、经营场所、法定代表人、经营范围、经营方式、注册资本、经营期限，以及增设或撤销分支机构，应当向有关工商行政管理局提交文件、证件，包括：

（1）董事长签署的变更登记申请书。

（2）董事会的决议。

（3）变更股东、注册资本、经营范围、营业期限时应提交原审批机关的批准文件。法律、法规及国家市场监督管理总局规章规定设立分支机构需经审批的，应提交原审批机关的批准文件。

外商投资企业变更住所，还应提交住所使用证明；增加注册资本涉及改变原合同的，还应提交补充协议；变更企业类型，还应提交修改合同、章程的补充协议；变更法定代表人，还应提交委派方的委派证明和被委派人员的身份证明；转让股权，还应提交转让合同和修改原合同、章程的补充协议，以及受让方的合法开业证明和资信证明。外商投资企业董事会成员发生变化的，应向原登记主管机关备案。

（二）合营企业审批与备案管理

详细内容请参见本书第三章第二节的有关规定。

【相关案例】

2000年皮兰特设立了外商独资企业奶奇乐公司。公司成立后，皮兰特任董事长，濮家驰任副董事长兼总经理。2009年10月9日，菊乐公司与皮兰特、濮家驰签订《增资扩股协议书》，约定皮兰特、濮家驰应如实披露公司资产财务状况。同日，菊乐公司与皮兰特签订了《合资经营合同》《合资章程》。随后，四川省商务厅批准了《合资经营合同》及章程。2011年3月，奶奇乐公司、菊乐公司诉称皮兰特抽逃出资。2016年5月法院二审认定皮兰特向奶奇乐公司返还出资款及利息，濮家驰承担连带责任。2016年6月，菊乐公司依据《增资扩股协议》《合资公司合资合同》主张皮兰特、濮家驰应当披露财务状况而未披露构成违约，请求皮兰特、濮家驰承担违约责任。①

本案经过一审、二审，法院认定菊乐公司与皮兰特签订的《合资经营合同》有效，《增资扩股协议书》未报批准，但不涉及必须报经批准的约定事项，且与《合资经营合同》和合资企业章程无实质性冲突，对协议当事人具有约束力。菊乐公司对皮兰特提起股东抽逃出资诉讼后，其向皮兰特主张违约责任的诉讼时效依法中断的理由不能成立。因此，诉讼时效从2011年起算，菊乐公司提起诉讼时已超过诉讼时效。由于皮兰特、濮家驰提出时效经过抗辩，法院驳回了菊乐公司的请求。

① 四川菊乐食品有限公司、罗伯特·K·皮兰特中外合资经营企业合同纠纷二审民事判决书，(2017) 川民终752号。

第三节　中外合资经营企业组织形式和注册资本

【规则要点】

中外合资经营企业的组织形式为有限责任公司，中外合资经营企业的合营各方对合营企业的责任以各自认缴的出资额为限承担有限责任，合营企业以其全部资产对其债务承担责任。

投资总额是外商投资法中特有的概念，在内资企业中只有注册资本没有投资总额的规定，投资总额意味着外商投资企业的规模在设立企业之初已经确定，在组成上包括投资者缴付和认缴的注册资本和对外商投资企业的借款。

【理解与适用】

一、中外合资经营企业的组织形式

中外合资经营企业的组织形式为有限责任公司。有限责任公司亦称有限公司，是指有法律规定的一定人数的股东所组成，股东以其出资额为限对公司承担责任，公司以其全部资产为限承担责任的企业法人。依照外商投资法及其实施条例的规定，中外合资经营企业的合营各方对合营企业的责任以各自认缴的出资额为限承担有限责任，合营企业以其全部资产对其债务承担责任。

对于境内的有限责任公司，其设立、组织机构及其活动原则应该适用公司法的规定，但是有关中外合资经营企业、中外合作经营企业、外资企业的法律有特别规定的，适用特别规定。（外商投资法生效后，按照内外资一致管理原则，内外资企业都适用公司法的规定，三资企业法同时废止。）

二、中外合资经营企业注册资本

（一）注册资本概述

1. 注册资本

合营企业的注册资本，是指为设立合营企业在登记管理机构登记的资本总额，应为合营各方认缴的出资额之和。合营企业的注册资本一般应当以人民币表示，也可以用合营各方约定的外币表示，比如美元、欧元。注册资本是合营企业承担责任的依据，也是合营各方利润分配的基础。因此，根据法律规定，合营企业在设立之前，合营各方必须在企业的合同、章程中明确约定注册资本、合营各方的出资额、出资比例等事项，并向登记机构登记。

2. 投资比例

投资比例，是指合营各方在合营企业的注册资本的出资比例。根据法律规定，在合营企业的注册资本中，外国合营者的投资比例一般不低于25%。合营各方按注册资本比例分享利润和分担风险及亏损。中国只规定了外国投资者的投资比例的最低限，没有对最高限作出限制，这有利于吸引投资，外方投资者掌握合营企业控制权。

另外，根据《关于外国投资者并购境内企业的规定》第9条的规定，并购后外国投资者在外商投资企业注册资本中的出资比例高于25%的，该企业享受外商投资企业待遇。外国投资者在并购后所设外商投资企业注册资本中的出资比例低于25%的，除法律和行政法规另有规定外，该企业不享受外商投资企业待遇，其举借外债按照境内非外商投资企业举借外债的有关规定办理。审批机关向其颁发加注“外资比例低于25%”字样的外商投资企业批准证书。登记管理机关、外汇管理机关分别向其颁发加注“外资比例低于25%”字样的外商投资企业营业执照和外汇登记证。

3. 注册资本转让与变更

（1）股权转让

合营一方向第三者转让其全部或者部分股权的，须经合营他方同意，并且，如果是涉及外商投资准入特别管理措施的合资企业须报审批机关批准，然后向登记管理机构办理变更登记手续；其他合资企业应办理工商变更登记及商务备案手续。

合营一方转让其全部或者部分股权时，合营他方有优先购买权。合营一方向第三者转让股权的条件，不得比向合营他方转让的条件优惠。违反规定的，其转让无效。

（2）注册资本变更

合营企业在合营期内不得减少其注册资本。因投资总额和生产经营规模等发生变化，确需减少的，须经审批机构批准。合营企业注册资本的增加、减少，应当由董事会会议通过，并报审批机构批准，向登记管理机构办理变更登记手续。

涉及外商投资准入特别管理措施的合资企业的投资总额和注册资本的变更均需要取得审批机关批准，其他合资企业只需向商务部门备案。

4. 政策变化

根据 2013 年修改的公司法，商务部在外资审核方面取消对外商投资（含台、港、澳投资）的公司首次出资比例、货币出资比例和出资期限的限制或规定。认缴出资额、出资方式、出资期限由公司投资者（股东、发起人）自主约定，并在合营（合作）合同、公司章程中载明。各级商务主管部门应在批复中对上述内容予以明确。除法律、行政法规以及国务院决定对特定行业注册资本最低限额另有规定外，取消公司最低注册资本的限制。

（二）注册资本和投资总额的关系

1. 投资总额

合营企业的投资总额（含企业借款），是指按照合营企业合同、章程规定的生产规模需要投入的基本建设资金和生产流动资金的总和。投资总额是外商投资法中特有的概念，在内资企业中只有注册资本没有投资总额的规定，投资总额意味着外商投资企业的规模在设立企业之初已经确定，在组成上包括投资者缴付和认缴的注册资本和对外商投资企业的借款。由于投资总额的规定，可以在合营企业设立后在实际经营过程中根据实际情况调整其经营规模，不用再次申请审核批准。从国家的角度讲，设立投资总额有利于国家对外商投资企业实行宏观调控，更好地安排外商投资企业生产与经营的配套条件。

2. 根据国家工商行政管理局《关于中外合资经营企业注册资本与投资总额比例的暂行规定》，中外合资经营企业的注册资本与投资总额的比例，应当遵守如下规定：

（1）合营企业的投资总额在 300 万美元以下（含 300 万美元）的，其注册资本至少应占投资总额的 7/10。

（2）合营企业的投资总额在 300 万美元以上至 1000 万美元（含 1000 万美元）的，其注册资本至少应占投资总额的 1/2；其中投资总额在 420

万美元以下的，注册资本不得低于 210 万美元。

（3）合营企业的投资总额在 1000 万美元以上至 3000 万美元（含 3000 万美元）的，其注册资本至少应占投资总额 2/5；其中投资总额在 1250 万美元以下的，注册资本不得低于 500 万美元。

（4）合营企业的投资总额在 3000 万美元以上的，其注册资本至少应占投资总额的 1/3；其中投资总额在 3600 万美元以下的，注册资本不得低于 1200 万美元。

中外合资经营企业增加投资的，其追加的注册资本与增加的投资额的比例，应按上述规定执行。

【风险提示】

1. 在合营企业的注册资本中，外国合营者的投资比例不能低于 25%。合营各方按注册资本比例分享利润和分担风险及亏损。中外合资经营企业的注册资本与投资总额的比例需要遵守有关数额的限制。但是根据外商投资法的规定，出资除负面清单特别规定外，外国投资者的投资比例不受限制。

2. 外商投资法对放开后是否还限制外商投资总额及比例的问题未作规定，需留待国务院或相关部门以行政法规、部门规章等形式予以明确。

第四节　中外合资经营企业出资方式

【规则要点】

合营者可以用货币出资，也可以用建筑物、厂房、机器设备或者其他物料、工业产权、专有技术、场地使用权等作价出资。

【理解与适用】

一、出资方式

中外合资经营企业出资方式是中外合资经营者投入资本的形式。不仅要遵守外商投资法及其实施条例的规定，还适用公司法的有关规定。投资人的出资是公司经营和责任承担的重要物质基础。合营者可以用货币出资，也可以用建筑物、厂房、机器设备或者其他物料、工业产权、专有技术、场地使用权等作价出资。

（一）货币形式

设立中外合资经营企业必须拥有一定数量的流动资金，为合营企业设立以及成立后运营阶段提供现金支持。中国取消了关于外商投资企业首次出资比例、货币出资最低比例的限制，外商投资企业可以自由选择投入货币资金的数量。货币本身具有数额，不用单独评估作价。出资人或股东用以出资的货币应为自己所有，包括借贷而获得的现金，但是该借贷应由投资各方解决，不能企业替代归还。

外国合营者出资的外币，按缴款当日中国人民银行公布的基准汇率折算成人民币或者套算成约定的外币。中国合营者出资的人民币现金，需要折算成外币的，按缴款当日中国人民银行公布的基准汇率折算。

（二）实物出资

实物投资以建筑物、厂房、机器设备或者其他物料比如原料、零部件、成品货物等作为出资。以建筑物、厂房、机器设备或者其他物料出资的，其作价由合资各方按照公平合理的原则协商确定，或者聘请合资各方同意的第三者评定。涉及外商投资准入特别管理措施的合资企业，其作为出资的机器设备或者其他物料，应当报审批机构批准。

实物出资方应以自己所有并且未设立任何担保物权的实物作为投资，即实物出资应没有权利瑕疵，且其价值不能显著低于约定以该实物出资的价格。作为外国合营者出资的机器设备或者其他物料，应当是合营企业生产所必需的。机器设备或者其他物料的作价，不得高于同类机器设备或者其他物料当时的国际市场价格。

（三）知识产权

技术出资，是指以工业产权或专有技术作价出资。技术出资的作价由合资各方按照公平合理的原则协商确定，或者聘请合资各方同意的第三者评定。涉及外商投资准入特别管理措施的合资企业，工业产权或者专有技术，应当报审批机构批准。作为外国合营者出资的工业产权或者专有技术，必须符合下列条件之一：

（1）能显著改进现有产品的性能、质量，提高生产效率的；

（2）能显著节约原材料、燃料、动力的。

外国合营者以工业产权或者专有技术作为出资，应当提交该工业产权或者专有技术的有关资料，包括专利证书或者商标注册证书的复制件、有效状况及其技术特性、实用价值、作价的计算根据、与中国合营者签订的作价协议等有关文件，作为合营合同的附件。

（四）股权出资

投资者以股权出资设立及变更外商投资企业，需要报经有关部门批准，用作出资的股权应当权属清晰、权能完整，依法可以转让；股权企业为外商投资企业的，该企业应依法批准设立，符合外商投资产业政策。如果股权被质押、法定或约定不能转让的股权，未经批准的股权不能用作出资。

用作出资的股权应当经依法设立的境内评估机构评估。股权出资人与被投资企业的股东或其他投资者可在股权评估的基础上协商确定股权作价金额、股权出资金额。股权出资金额不得高于股权评估值。股权出资后，被投资企业和股权企业及其直接或间接持股企业应符合《指导外商投资方向规定》《外商投资产业指导目录》以及其他外商投资相关规定；不符合有关规定的，应在申报股权出资之前剥离相关资产、业务或转让股权。境内外投资者不得以股权出资方式规避外商投资管理。

（五）土地使用权

中外合营投资者的投资可包括合营企业经营期间提供的场地使用权。合营企业使用场地，必须贯彻执行节约用地的原则。中外合资经营企业取得土地使用权的方式通常有两种，一种是中方以土地使用权作价后向中外合资经营企业出资而使企业或公司取得土地使用权；另一种是中外合资经营企业所在地的市（县）级土地主管部门提出申请，经审查批准后，通过签订合同取得土地使用权，中外合资经营企业按照规定缴纳场地使用费。合同应当订明场地面积、地点、用途、合同期限、场地使用权的费用（以下简称场地使用费）、双方的权利与义务、违反合同的罚则等。除上述两种方式外，合营企业还可以按照国家有关规定取得场地使用权。

中方合营者拥有土地使用权，其作价金额与取得该同类场地使用权所应缴纳的使用费相同；如果场地使用权未作为中国合营者的投资的一部分，合营企业应向中国政府缴纳场地使用费，其作价金额与取得该同类场地使用权所应缴纳的使用费相同。场地使用费标准应当根据该场地的用途、地理环境条件、征地拆迁安置费用和合营企业对基础设施的要求等因素，由所在地的省、自治区、直辖市人民政府规定，并向商务部和国家土地主管部门备案。

从事农业、畜牧业的合营企业，经所在地的省、自治区、直辖市人民政府同意，可以按合营企业营业收入的百分比向所在地的土地主管部门缴纳场地使用费。在经济不发达地区从事开发性的项目，场地使用费经所在地人民政府同意，可以给予特别优惠。

场地使用费在开始用地的 5 年内不调整。以后随着经济的发展、供需情况的变化和地理环境条件的变化需要调整时，调整的间隔期应当不少于 3 年。场地使用费作为中国合营者投资的，在该合同期限内不得调整。

合营企业通过签订合同取得的场地使用权，其场地使用费应当按合同规定的用地时间从开始时起按年缴纳，用地时间超过半年的按半年计算；不足半年的免缴。在合同期内，场地使用费如有调整，应当自调整的年度起按新的费用标准缴纳。

二、出资期限

合营各方应当按照合同规定的期限缴清各自的出资额。逾期未缴或者未缴清的，应当按合同规定支付迟延利息或者赔偿损失。

合营各方缴付出资额后，应当由中国的注册会计师验证，出具验资报告后，由合营企业据以发给出资证明书。

出资证明书载明下列事项：

（1）合营企业名称；

（2）合营企业成立的年、月、日；

（3）合营者名称（或者姓名）及其出资额、出资的年、月、日；

（4）发给出资证明书的年、月、日。

【风险提示】

股权出资应经过依法作价评估，被投资企业和股权企业及其直接或间接持股企业应符合《指导外商投资方向规定》《外商投资产业指导目录（2017年修订）》《鼓励外商投资产业目录（2019年版）》以及其他外商投资相关规定。

第五节　中外合资经营企业组织机构和经营管理

【规则要点】

传统的中外合资企业经营机构没有股东会，董事会是合营企业的最高权力机构，决定合营企业的一切重大问题。中外合资经营企业的经营管理包括合营企业技术引进、合营企业购买与销售、税务管理、外汇管理和劳动管理等内容。

【理解与适用】

一、中外合资经营企业的组织机构

中外合资经营企业的董事会、监事会与经营管理机构是保障中外合营者权责分明、协调运转、有效制衡的内部机构。按照公司法的规定，有限责任公司的组织机构主要包括：股东会、董事会、监事会和经理。但外商投资法及其实施条例列明的合营企业的组织机构为董事会，它是合营企业的最高权力机构，决定合营企业的一切重大问题，合营企业没有股东会。

（一）董事会

1. 董事会的职权

董事会是合营企业的必备机构，按照相关法律及合营企业的章程的规定行使职权，讨论决定合营企业的一切重大问题，这些问题包括：企业发展规划、生产经营活动方案、收支预算、利润分配、劳动工资计划、停业，以及总经理、副总经理、总工程师、总会计师、审计师的任命或聘请及其职权和待遇等。

2. 董事会组成

董事会的人数组成由合营各方协商，在合同、章程中确定，并由合营各方委派和撤换。董事会成员不得少于3人。董事名额的分配由合营各方参照出资比例协商确定。董事的任期为4年，经合营各方继续委派可以连任。董事长和副董事长由合营各方协商确定或由董事会选举产生。中外合营者的一方担任董事长的，由他方担任副董事长。董事会根据平等互利的原则，决定合营企业的重大问题。董事长是合营企业的法定代表人。董事长不能履行职责时，应当授权副董事长或者其他董事代表合营企业。

3. 董事会会议

董事会会议每年至少召开1次，由董事长负责召集并主持。董事长不能召集时，由董事长委托副董事长或者其他董事负责召集并主持董事会会议。经1/3以上董事提议，可以由董事长召开董事会临时会议。董事会会议无论是定期会议还是临时会议都应当有2/3以上董事出席方能举行。董事不能出席的，可以出具委托书委托他人代表其出席和表决。董事会会议一般应当在合营企业法定地址所在地举行。

下列事项由出席董事会会议的董事一致通过方可作出决议：

（1）合营企业章程的修改；

（2）合营企业的中止、解散；

（3）合营企业注册资本的增加、减少；

（4）合营企业的合并、分立。

其他事项，可以根据合营企业章程载明的议事规则作出决议。

（二）经营管理机构

1. 经营管理机构的组成

中外合资经营企业设经营管理机构，负责企业的日常经营管理工作。经营管理机构设总经理1人，副总经理若干人。总经理执行董事会会议的各项决议，组织领导合营企业的日常经营管理工作。在董事会授权范围内，总经理对外代表合营企业，对内任免下属人员，行使董事会授予的其他职权。副总经理协助总经理工作，总经理处理重要问题时，应当同副总经理协商。

2. 经营管理机构人员产生

合营企业的总经理、副总经理由各方推荐，由合营企业董事会聘请，可以由中国公民或外国公民担任。经董事会聘请，董事长、副董事长、董事可以兼任合营企业的总经理、副总经理或者其他高级管理职务。

3. 任职资格要求

合营企业的总经理、副总经理及其他高级管理人员应当遵守有关法律，不得有严重的违法失职行为。对于有营私舞弊或者严重失职行为的总经理、副总经理，经董事会决议可以随时解聘。根据法律对合营企业的总经理、副总经理有竞业禁止的限制，总经理或者副总经理不得兼任其他经济组织的总经理或者副总经理，不得参与其他经济组织对本企业的商业竞争。

4. 设立分支机构和销售机构

合营企业根据经营管理的需要，可以在国内外设立分支机构和销售机构。设立分支机构，应当将拟设立的机构、地点、人数、规格、经营范围等报批。

（三）工会

中外合资经营企业的职工有权按照《中华人民共和国工会法》和《中国工会章程》的规定，建立基层工会组织，开展工会活动。合营企业工会是职工利益的代表，有权代表职工同合营企业签订劳动合同，并监督合同的执行。

根据法律规定，合营企业工会的基本任务是：依法维护职工的民主权利和物质利益；协助合营企业安排和合理使用福利、奖励基金；组织职工学习政治、科学、技术和业务知识，开展文艺、体育活动；教育职工遵守劳动纪律，努力完成企业的各项经济任务。

合营企业董事会会议讨论合营企业的发展规划、生产经营活动等重大事项时，工会的代表有权列席会议，反映职工的意见和要求。董事会会议研究决定有关职工奖惩、工资制度、生活福利、劳动保护和保险等问题时，工会的代表有权列席会议，董事会应当听取工会的意见，取得工会的合作。

合营企业应当积极支持本企业工会的工作。合营企业应当按照工会法的规定为工会组织提供必要的房屋和设备，用于办公、会议、举办职工集体福利、文化、体育事业。合营企业每月按企业职工实际工资总额的2%拨交工会经费，由本企业工会按照中华全国总工会制定的有关工会经费管理办法使用。

二、中外合资经营企业的经营管理

（一）合营企业技术引进

技术引进，是指合营企业通过技术转让的方式，从第三者或者合营者获得所需要的技术。合营企业引进的技术应当是适用的、先进的，使其产品在国内具有显著的社会经济效益或者在国际市场上具有竞争能力。

技术转让协议是转让者与合营企业之间订立的有关技术转让的权利义务的一致安排。在订立技术转让协议时，必须维护合营企业独立进行经营管理的权利，并参照知识产权出资要求提供文件的规定，由技术输出方提供有关的资料。合营企业订立的技术转让协议，应当报审批机构批准。

技术转让协议必须符合下列规定：

（1）技术使用费应当公平合理；

（2）除双方另有协议外，技术输出方不得限制技术输入方出口其产品地区、数量和价格；

（3）技术转让协议的期限一般不超过10年；

（4）技术转让协议期满后，技术输入方有权继续使用该项技术；

（5）订立技术转让协议双方，相互交换改进技术的条件应当对等；

（6）技术输入方有权按自己认为合适的来源购买需要的机器设备、零部件和原材料；

（7）不得含有为法律、法规所禁止的不合理的限制性条款。

（二）合营企业购买与销售

1. 物资购买

合营企业所需的机器设备、原材料、燃料、配套件、运输工具和办公用品等，有权自行决定在中国购买或者向国外购买。合营企业需要在中国购置的办公、生活用品，按需要量购买，不受限制。

合营企业在合营合同规定的经营范围内，进口本企业生产所需的机器设备、零配件、原材料、燃料，凡属国家规定需要领取进口许可证的，每年编制一次计划，每半年申领一次。外国合营者作为出资的机器设备或者其他物料，可以凭审批机构的批准文件直接办理进口许可证进口。超出合营合同规定范围进口的物资，凡国家规定需要领取进口许可证的，应当另行申领。

合营企业在国内购买物资的价格以及支付水、电、气、热、货物运输、劳务、工程设计、咨询、广告等服务的费用，享受与国内其他企业同等的待遇。

2. 产品销售

中外合资经营企业的产品可以在中国境内或境外销售，中国政府鼓励合营企业向国际市场销售其产品。合营企业有权自行出口其产品，也可以委托外国合营者的销售机构或者中国的外贸公司代销或者经销。合营企业生产的产品，可以自主经营出口，凡属国家规定需要领取出口许可证的，合营企业按照本企业的年度出口计划，每半年申领一次。

合营企业与中国其他经济组织之间的经济往来，按照有关的法律规定和双方订立的合同承担经济责任，解决合同争议。

（三）合营企业税务管理

合营企业应当按照中华人民共和国有关法律的规定，缴纳各种税款。

合营企业的职工应当按照《中华人民共和国个人所得税法》缴纳个人所得税。

合营企业进口下列物资，依照中国税法的有关规定减税、免税：

（1）按照合同规定作为外国合营者出资的机器设备、零部件和其他物料；其他物料系指合营企业建厂（场）以及安装、加固机器所需材料；

（2）合营企业以投资总额以内的资金进口的机器设备、零部件和其他物料；

（3）经审批机构批准，合营企业以增加资本所进口的国内不能保证生产供应的机器设备、零部件和其他物料；

（4）合营企业为生产出口产品，从国外进口的原材料、辅料、元器件、零部件和包装物料。

上述减税、免税进口物资，经批准在中国国内转卖或者转用于在中国国内销售的产品，应当照章纳税或者补税。合营企业生产的出口产品，除中国限制出口的以外，依照中国税法的有关规定减税、免税或者退税。

（四）合营企业外汇管理

合营企业的一切外汇事宜，按照《中华人民共和国外汇管理条例》和有关管理办法的规定办理。合营企业凭营业执照，在境内银行开立外汇账户和人民币账户，由开户银行监督收付。

合营企业在国外或者港澳地区的银行开立外汇账户，应当经国家外汇管理局或者其分局批准，并向国家外汇管理局或者其分局报告收付情况和提供银行对账单。合营企业在国外或者港澳地区设立的分支机构，其年度资产负债表和年度利润表，应当通过合营企业报送国家外汇管理局或者其分局。

合营企业根据经营业务的需要，可以向境内的金融机构申请外汇贷款和人民币贷款，也可以按照国家有关规定从国外或者港澳地区的银行借入外汇资金，并向国家外汇管理局或者其分局办理登记或者备案手续。

合营企业的外籍职工和港澳职工的工资及其他正当收益，依法纳税后，减去在中国境内花费的剩余部分可以按照国家有关规定购汇汇出。

（五）合营企业财务与会计

1. 财务与会计制度

合营企业的财务与会计制度，应当按照中国有关法律和财务会计制度的规定，结合合营企业的情况加以制定，并报当地财政部门、税务机关备案。合营企业设总会计师，协助总经理负责企业的财务会计工作。必要时，可以设副总会计师。合营企业设审计师（小的企业可以不设），以负责审查、稽核合营企业的财务收支和会计账目，并向董事会、总经理提出报告。

具体要求有：

（1）合营企业会计年度采用日历年制，自公历每年1月1日起至12月31日止为一个会计年度；

（2）合营企业会计采用国际通用的权责发生制和借贷记账法记账。一切自制凭证、账簿、报表必须用中文书写，也可以同时用合营各方商定的一种外文书写；

（3）合营企业原则上采用人民币作为记账本位币，经合营各方商定，也可以采用某一种外国货币作为记账本位币；

（4）合营企业的账目，除按记账本位币记录外，对于现金、银行存款、其他货币款项以及债权债务、收益和费用等，与记账本位币不一致时，还应当按实际收付的货币记账；

（5）以外国货币作为记账本位币的合营企业，其编报的财务会计报告应当折算为人民币；

（6）因汇率的差异而发生的折合记账本位币差额，作为汇兑损益列账。记账汇率变动，有关外币各账户的账面余额，于年终结账时，应当按照中国有关法律和财务会计制度的规定进行会计处理。合营企业应当向合营各方、当地税务机关和财政部门报送季度和年度会计报表。

合营企业的下列文件、证件、报表，应当经中国的注册会计师验证和出具证明，方为有效：

（1）合营各方的出资证明书（以物料、场地使用权、工业产权、专有技术作为出资的，应当包括合营各方签字同意的财产估价清单及其协议文件）；

（2）合营企业的年度会计报表；

（3）合营企业清算的会计报表。

2. 利润分配

合营企业按照《中华人民共和国企业所得税法》缴纳所得税后的利润分配原则如下：

（1）提取储备基金、职工奖励及福利基金、企业发展基金，提取比例由董事会确定；

（2）储备基金除用于垫补合营企业亏损外，经审批机构批准也可以用于本企业增加资本，扩大生产；

（3）按照有关规定提取3项基金后的可分配利润，董事会确定分配的，应当按合营各方的出资比例进行分配。以前年度的亏损未弥补前不得分配利润。以前年度未分配的利润，可以并入本年度利润分配。

（六）合营企业劳动管理

中外合资经营企业应当遵守《中华人民共和国劳动法》《中华人民共和国劳动合同法》的规定。因此，合营企业职工的招收、招聘、辞退、辞职、工资、福利、劳动保险、劳动保护、劳动纪律等事宜，按照国家有关劳动和社会保障的规定办理。

合营企业应当加强对职工的业务、技术培训，建立严格的考核制度，使他们在生产、管理技能方面能够适应现代化企业的要求。合营企业的工资、奖励制度必须符合按劳分配、多劳多得的原则。正副总经理、正副总工程师、正副总会计师、审计师等高级管理人员的工资待遇，由董事会决定。

三、外商投资法生效后对中外合资经营企业的影响

（一）中外合资经营企业法和外商投资法的不同

1. 企业设立、变更、终止等审批程序

中外合资经营企业法及其实施条例是对负面清单以内的限制投资领域实行审批制度，不涉及国家规定实施外资准入特别管理措施的，适用备案管理制度。对负面清单之内的投资领域，实施外资准入特别管理措施。对负面清单之外的投资领域，实行备案制度。

2. 企业的组织形式

中外合资经营企业只能是有限责任公司。

外商投资法规定，根据公司法设立具有法人资格的外商投资企业可以是有限责任公司或者股份有限公司，也可以根据合伙企业法设立不具有法人资格的外商投资合伙企业。

3. 外资比例限制

中外合资经营企业法及其实施条例要求外国投资者投资比例一般不低于25%，根据外商投资法和公司法的规定，除负面清单特别规定外，外国投资者的投资比例不受限制。

4. 企业的组织机构

（1）企业的最高权力机构

根据中外合资经营企业法及其实施条例的规定，董事会为企业最高的权力机构，不设立股东会。

根据外商投资法和公司法的规定，企业的最高权力机构为股东会或者股东大会，职权包括审议和批准修改公司章程、增减资、公司合并、分立、解散等重大事项，并且必须经代表公司2/3以上表决权的股东批准通过。

（2）董事会

根据中外合资经营企业法及其实施条例的规定，董事会成员不得少于3人。董事由合营各方委派产生。董事会职权包括审议和批准下述重大事项：修改企业章程、合营企业的终止和解散、注册资本增加或减少、合营企业的合并或分立，并且必须经出席董事会会议的董事一致批准通过。

根据公司法的规定，股份公司和有限公司的董事由股东会或股东大会选举产生。有限公司可以不设董事会，仅设1名执行董事。董事会职权主要是召集股东会议，向股东报告工作，执行股东会决议，制定公司的经营计划和投资方案，制定公司利润分配方案和弥补亏损方案，制定公司的基本管理制度等。

（3）董事和法定代表人、高级管理人员选任

中外合资经营企业法规定，中外合资经营企业的董事由合营各方委派和撤换，董事长和副董事长、正副经理（厂长）分别由中方和外方担任，董事长为公司的法定代表人。董事任期为4年。

公司法规定，非职工代表担任的董事由股东会选举和更换，对于正副董事长、正副经理（厂长）的选任没有限制，公司的董事长、执行董事和经理都可以作为法定代表人。董事任期为不超过3年。

5. 股权转让

中外合资经营企业，合营一方向第三方转让股权，必须经合营他方同意，合营他方享有优先购买权。

公司法规定，股份有限公司股权转让原则上自由。除非公司章程另有规定，有限责任公司股东之间可以相互转让全部或者部分股权。有限责任公司股东向股东以外的人转让股权，应当经其他股东过半数同意。转让方就其股权转让事项书面通知其他股东征求同意，其他股东自接到书面通知之日起满30日未答复的，视为同意转让。其他股东半数以上不同意转让的，不同意的股东应当购买该转让的股权；不购买的，视为同意转让。经股东同意转让的股权，在同等条件下，其他股东有优先购买权。

6. 利润分配

中外合资经营企业进行利润分配应当按合营各方的出资比例进行分配。外商投资法生效后，中外合资各方可根据公司法的相关规定自行约定利润分配的比例和方式。

7. 税后基金

中外合资经营企业根据董事会确认的比例，提取储备基金、职工奖励及福利基金、企业发展基金。

根据公司法的规定，公司分配当年税后利润时，应当提取利润的10%列入公司法定公积金。直至公司法定公积金达到公司注册资本的50%以

上。公司还可以经股东会或股东大会决议，从税后利润中提取任意公积金。

8. 企业清算

清算委员会的成员一般从合营企业的董事中选任。公司法规定，有限公司清算组由股东组成，股份有限公司的清算组由董事会或者股东大会确定的人员组成。

（二）对于中外合资经营企业的影响

1. 现有中外合资经营企业

现有中外合资经营企业虽然是有限责任公司的组织形式，在外商投资法规定的5年过渡期内，外国投资者需要及时与有关中方合资伙伴进行磋商，对其在中国已设立的中外合资企业的合资合同和章程，及时作出相应的修订，并报有关政府部门审批或备案，包括增加股东会的相关条款、对有关董事会的条款进行修订等，以符合公司法在组织机构和公司治理的相关规定。

2. 外商投资新设企业

按照公司法对有限责任公司或者股份有限公司要求进行组建，或者按照合伙企业法设立外商投资合伙企业。

3. 其他方面

关于中外合资经营企业法中企业员工福利、劳动保险、税务和外汇管理等方面的规定，仍应按照有关劳动、税务或外汇的相关法律、法规执行。

【风险提示】

1. 外商投资法实施生效后，内外资企业均适用公司法的规则，中外合资经营企业法废止，因此相应地，继续以中外合资企业存在的组织机构和议决方式方面可能会有所改变，遵循有关公司法中组织机构、表决方式和程序的要求。比如说，股东会成为最高权力机构，重大表决事项经股东2/3以上通过。

2. 合营一方转让其全部或者部分股权时，合营他方有优先购买权。合营一方向第三者转让股权的条件，不得比向合营他方转让的条件优惠。违反上述规定的，其转让无效。

第七章

中外合作经营企业

第一节　中外合作经营企业概述

【规则要点】

中外合作经营企业是契约式经营，可以是有限责任公司，也可以不取得法人资格。中方投资者可以无形资产等要素为合作的条件，中外合作各方通过签订合同确定各自的权利义务，允许外方投资者先行收回投资，合作期满后企业全部固定资产无偿归中方所有。

【理解与适用】

一、中外合作经营企业的概念

中外合作经营企业（以下简称合作企业）亦称契约式合营企业，是指外国的企业和其他经济组织或者个人同中华人民共和国的企业或者其他经济组织，依照我国法律的规定，按照平等互利的原则在境内共同举办的，按照合作企业合同约定各自权利义务的企业。

二、中外合作经营企业的法律特征

1. 合作者双方的国籍不同

合作者双方既有外国合作者，也有中国合作者。外国合作者，是指外国的企业和其他经济组织或者个人，中国合作者是中国的企业或其他经济组织。

2. 合作企业是契约式合营企业

即中外合作者的投资或者提供的合作条件，并不折算成股份，因此其收益的分配、亏损承担不依据其持有股份的比例享有或承担，而是按照合作企业的合同约定来进行。

3. 合作方式灵活

中方投资者可以无形资产等要素为合作的条件，中外合作各方通过签订合同确定各自的权利义务，允许外方投资者先行收回投资，合作期满后，企业全部固定资产无偿归中方所有。

4. 组织形式多样

合作企业符合中国法人条件的，可以取得法人资格，企业组织形式为有限责任；合作企业也可以不具备法人资格，合作企业及合作各方按照民事法律的有关规定，承担民事责任。

三、中外合作经营企业的立法概况

不同层级的立法对中外合作经营企业都有规定，包括法律、行政法规、部门规章、地方立法等等，在外商投资法生效前主要适用的中外合作经营企业法、《中华人民共和国中外合作经营企业法实施细则》。中外合作经营企业法是根据2016年9月3日第十二届全国人民代表大会常务委员会第二十二次会议《关于修改〈中华人民共和国外资企业法〉等四部法律的决定》第二次修正的，《中华人民共和国中外合作经营企业法实施细则》根据2017年3月1日国务院令第676号《国务院关于修改和废止部分行政法规的决定》第一次修改，从修改时间可以发现，为了适应经济发展的需要，中国不断在修改法律，为外国投资者提供更好的投资环境。自2020年1月1日外商投资法开始施行之日起，中外合作经营企业法及其实施细则同时废止。

第二节　中外合作经营企业的设立与变更

【规则要点】

设立中外合作经营企业，应当符合设立条件，由中国合作者向审查批准机关提出设立合作企业的申请，并提交相关文件，如设立合作企业的项目建议书、可行性研究报告、由合作各方的法定代表人或其授权的代表签署的合作企业协议、合同、章程等，并且需要得到相关部门的审查批准。不涉及特别管理措施的中外合作经营企业适用备案管理。

【理解与适用】

一、中外合作经营企业的设立

（一）中外合作经营企业的设立概念

中外合作经营企业设立，是指外方合作者和中方合作者按照中国法律规定的条件和程序，在合营企业成立之前为组建中外合作经营企业而实施的一系列法律行为。

（二）中外合作经营企业的设立条件

1. 积极条件

在中国境内举办中外合作经营企业，应当符合中国的发展政策和产业政策，遵守中国关于指导外商投资方向的规定。中国鼓励举办产品出口的或者技术先进的生产型合作企业。

2. 消极条件

申请设立合作企业，有下列情形之一的，不予批准：

（1）损害国家主权或者社会公共利益的；

（2）危害国家安全的；

（3）对环境造成污染损害的；

（4）有违反法律、行政法规或者国家产业政策的其他情形的。

（三）合作企业合同、协议、章程

根据相关法律的规定，举办合作企业不涉及国家规定实施准入特别管理措施的，对中外合作者签订的协议、合同、章程规定的审批事项，适用备案管理。国家规定的准入特别管理措施由国务院发布或者批准发布。

设立合作企业涉及特别管理措施，对中外合作者签订的协议、合同、章程规定的审批事项，应当由中国合作者向审查批准机关提出设立合作企业的申请并报送下列文件：

（1）设立合作企业的项目建议书，并附送主管部门审查同意的文件；

(2) 合作各方共同编制的可行性研究报告，并附送主管部门审查同意的文件；

(3) 由合作各方的法定代表人或其授权的代表签署的合作企业协议、合同、章程；

(4) 合作各方的营业执照或者注册登记证明、资信证明及法定代表人的有效证明文件，外国合作者是自然人的，应当提供有关其身份、履历和资信情况的有效证明文件；

(5) 合作各方协商确定的合作企业董事长、副董事长、董事或者联合管理委员会主任、副主任、委员的人选名单；

(6) 审查批准机关要求报送的其他文件。

上述所列文件，除（4）中所列外国合作者提供的文件外，必须报送中文本，(2)(3)(5) 所列文件可以同时报送合作各方商定的一种外文本。设立合作企业前仍需要进行前期调查和可行性研究。

1. 合作企业协议

合作企业协议，是指合作各方对设立合作企业的原则和主要事项达成一致意见后形成的书面文件。合作各方可以不订立合作企业协议。

2. 合作企业合同

合作企业合同，是指合作各方为设立合作企业就相互之间的权利、义务关系达成一致意见后形成的书面文件。

合作企业合同应当载明下列事项：

(1) 合作各方的名称、注册地、住所及法定代表人的姓名、职务、国籍（外国合作者是自然人的，则载明其姓名、国籍和住所)；

(2) 合作企业的名称、住所、经营范围；

(3) 合作企业的投资总额、注册资本、合作各方投资或者提供合作条件的方式、期限；

(4) 合作各方投资或者提供的合作条件的转让；

(5) 合作各方收益或者产品的分配，风险或者亏损的分担；

(6) 合作企业董事会或者联合管理委员会的组成以及董事或者联合管理委员会委员名额的分配，总经理及其他高级管理人员的职责和聘任、解聘办法；

(7) 采用的主要生产设备、生产技术及其来源；

（8）产品在中国境内销售和境外销售的安排；

（9）合作企业外汇收支的安排；

（10）合作企业的期限、解散和清算；

（11）合作各方其他义务以及违反合同的责任；

（12）财务、会计、审计的处理原则；

（13）合作各方之间争议的处理；

（14）合作企业合同的修改程序。

3. 合作企业章程

合作企业章程，是指按照合作企业合同的约定，经合作各方一致同意，约定合作企业的组织原则、经营管理方法等事项的书面文件。

合作企业章程应当载明下列事项：

（1）合作企业名称及住所；

（2）合作企业的经营范围和合作期限；

（3）合作各方的名称、注册地、住所及法定代表人的姓名、职务和国籍（外国合作者是自然人的，则载明其姓名、国籍和住所）；

（4）合作企业的投资总额，注册资本，合作各方认缴出资额、投资或者提供合作条件的方式、期限；

（5）合作各方收益或者产品的分配，风险或者亏损的分担；

（6）合作企业董事会或者联合管理委员会的组成、职权和议事规则，董事会董事或者联合管理委员会委员的任期，董事长、副董事长或者联合管理委员会主任、副主任的职责；

（7）经营管理机构的设置、职权、办事规则，总经理及其他高级管理人员的职责和聘任、解聘办法；

（8）有关职工招聘、培训、劳动合同、工资、社会保险、福利、职业安全卫生等劳动管理事项的规定；

（9）合作企业财务、会计和审计制度；

（10）合作企业解散和清算办法；

（11）合作企业章程的修改程序。

合作企业协议、章程的内容与合作企业合同不一致的，以合作企业合同为准。合作企业协议、合同、章程自审查批准机关颁发批准证书之日起生效。在合作期限内，合作企业协议、合同、章程有重大变更的，须经审查批准机关批准。合作企业在批准的合作企业协议、合同、章程范围内，依法自主地开展业务、进行经营管理活动，不受任何组织或者个人的干涉。

二、中外合作经营企业审批与备案管理

适用《外商投资准入特别管理措施（负面清单）（2020年版）》的中外合作经营企业需要经过审批，不涉及特别管理措施的中外合作经营企业应该适用《外商投资信息报告办法》的规定，即设立、变更登记、注销登记实行备案管理制度。

根据有关法律和行政法规的规定，中外合资经营企业、中外合作经营企业、外资企业由国家市场监督管理总局或者国家市场监督管理总局授权的地方市场监督管理部门核准登记注册。

（一）合作企业审批登记

1. 审批机关

设立合作企业由商务部或者国务院授权的部门和地方人民政府审查批准。

设立合作企业属于下列情形的，由国务院授权的部门或者地方人民政府审查批准：

（1）投资总额在国务院规定由国务院授权的部门或者地方人民政府审批的投资限额以内的；

（2）自筹资金，并且不需要国家平衡建设、生产条件的；

（3）产品出口不需要领取国家有关主管部门发放的出口配额、许可证，或者虽需要领取，但在报送项目建议书前已征得国家有关主管部门同意的；

（4）有法律、行政法规规定由国务院授权的部门或者地方人民政府审查批准的其他情形的。

有关审批其他内容请参见第三章第二节的有关规定。

2. 审批程序

审查批准机关应当自收到规定的全部文件之日起45天内决定批准或者不批准；审查批准机关认为报送的文件不全或者有不当之处的，有权要求合作各方在指定期间内补全或者修正。

商务部和国务院授权的部门批准设立的合作企业，由商务部颁发批准证书。国务院授权的地方人民政府批准设立的合作企业，由有关地方人民政府颁发批准证书，并自批准之日起30天内将有关批准文件报送商务部备案。

设立合作企业的申请经批准后，应当自接到批准证书之日起30天内向工商行政管理机关申请登记，领取营业执照。合作企业的营业执照签发日期，为该企业的成立日期。合作企业应当自成立之日起30天内向税务机关办理税务登记。

（二）合作企业备案管理

不涉及特别管理措施的中外合作经营企业应该适用《外商投资信息报告办法》的规定，即设立、变更登记、注销登记实行备案管理制度。向商务主管部门报送投资信息。

第三节　中外合作经营企业组织形式、出资方式

【规则要点】

在依法取得中国法人资格的合作企业中，外国合作者的投资一般不低于合作企业注册资本的25%。在不具有法人资格的合作企业中，对合作各方向合作企业投资或者提供合作条件的具体要求，由商务部规定。

合作各方向合作企业的投资或者提供的合作条件可以是货币，也可以是实物或者工业产权、专有技术、土地使用权等财产权利。合作各方缴纳投资或者提供合作条件后，应当由中国注册会计师验证并出具验资报告，由合作企业据以发给合作各方出资证明书。

【理解与适用】

一、中外合作经营企业组织形式

根据相关法律规定，中外合作者可以设立具有法人资格的合作企业，也可以申请设立不具有法人资格的合作企业。

（一）法人型合作企业

合作企业依法取得中国法人资格的，为有限责任公司。除合作企业合同另有约定外，合作各方以其投资或者提供的合作条件为限对合作企业承担责任。合作企业以其全部资产对合作企业的债务承担责任。合作企业的注册资本为设立合作企业在工商行政管理机关登记的合作各方认缴的出资额之和。在依法取得中国法人资格的合作企业中，外国合作者的投资一般不低于合作企业注册资本的25%。

（二）非法人型合作企业

非法人型合作企业又称合伙型合营企业，是指合伙各方共同出资或者提供合作条件，按照合同约定进行经营管理的没有法人资格的经营实体。在不具有法人资格的合作企业中，对合作各方向合作企业投资或者提供合作条件的具体要求，由商务部规定。按照相关法律规定，不具有法人资格的合作企业及其合作各方，依照中国民事法律的有关规定，承担民事责任。不具有法人资格的合作企业应当向工商行政管理机关登记合作各方的投资或者提供的合作条件。

非法人型合作企业有以下特征：

（1）在所有权方面，合作各方的投资或者提供的合作条件，为合作各方分别所有。经合作各方约定，也可以共有，或者部分分别所有、部分共有。合作企业经营积累的财产，归合作各方共有。

（2）在管理使用方面，不具有法人资格的合作企业合作各方的投资或者提供的合作条件由合作企业统一管理和使用。未经合作他方同意，任何一方不得擅自处理。

（3）在账簿管理上，不具有法人资格的合作企业应当在合作企业所在地设置统一的会计账簿；合作各方还应当设置各自的会计账簿。

二、投资总额和注册资本

合作企业的投资总额，是指按照合作企业合同、章程规定的生产经营规模，需要投入的资金总和。合作企业的注册资本，是指为设立合作企业，在工商行政管理机关登记的合作各方认缴的出资额之和。注册资本以人民币表示，也可以用合作各方约定的一种可自由兑换的外币表示。合作企业注册资本在合作期限内不得减少。但是，因投资总额和生产经营规模等变化，确需减少的，须经审查批准机关批准。合作企业没有注册资本与投资总额之间的比例要求。关于投资总额和注册资本的有关内容，详细介绍参见第三章中外合资经营企业关于该部分的规定。

三、投资、合作条件

中外合作经营企业的投资或合作条件，实际上就是合作各方的出资情况。合作各方应当依照有关法律、行政法规的规定和合作企业合同的约定，向合作企业投资或者提供合作条件。

1. 出资形式

合作各方向合作企业的投资或者提供的合作条件可以是货币，也可以是实物或者工业产权、专有技术、土地使用权等财产权利。中国合作者的投资或者提供的合作条件，属于国有资产的，应当依照有关法律、行政法规的规定进行资产评估。为了防止国有资产的流失，应当进行法定资产评估，并将评估的结果作为双方合作谈判的依据。合作各方缴纳投资或者提供合作条件后，应当由中国注册会计师验证并出具验资报告，由合作企业据以发给合作各方出资证明书。

2. 出资资产要求

作为投资或合作条件的财产或财产权利上应当不存在第三人的权利。合作各方应当以其自有的财产或者财产权利作为投资或者合作条件，对该投资或者合作条件不得设置抵押权或者其他形式的担保。

3. 期限要求

合作各方应当根据合作企业的生产经营需要，依照有关法律、行政法规的规定，在合作企业合同中约定合作各方向合作企业投资或者提供合作条件的期限。

4. 出资瑕疵的责任承担

合作各方没有按照合作企业合同约定缴纳投资或者提供合作条件的，工商行政管理机关应当限期履行；期限届满仍未履行的，审查批准机关应当撤销合作企业的批准证书，工商行政管理机关应当吊销合作企业的营业执照，并予以公告。未按照合作企业合同约定缴纳投资或者提供合作条件的一方，应当向已按照合作企业合同约定缴纳投资或者提供合作条件的他方承担违约责任。

四、权利转让

合作各方之间相互转让或者合作一方向合作他方以外的第三人转让属于其在合作企业合同中全部或者部分权利的，须经合作他方书面同意，并报审查批准机关批准。审查批准机关应当自收到有关转让文件之日起30日内决定批准或者不批准。

【风险提示】

中外合作者应当依照法律、法规的规定和合作企业合同的约定，如期履行缴足投资、提供合作条件的义务。

【相关案例】

华商贸公司是由华顺达置业有限公司（我国香港特别行政区企业，以下简称华顺达公司）、广州市商业商储公司（以下简称商储公司）、广州市外经贸房地产发展总公司（以下简称外经贸公司）共同设立的中外合作企业。商储公司系由广州百货企业集团有限公司（以下简称广百公司）投资的国有独资企业。根据华顺达公司、商储公司、外经贸公司三方签订的《中外合作合同》及《广州市华商贸房产发展有限公司修改补充合同、章程》的约定，设立合作公司的主要目的是开发广州市某大厦房产项目。在广州城启集团有限公司（以下简称城启公司）与广百公司、商储公司签订了《预定转让合同》等一系列合同后，城启公司作为受让方，按照合同约定支付了4500万元转让款，完成了主要的合同义务，但广百公司和商储公司未履行股权转让的主要义务，双方发生争议。①

法院经审理认为，广百公司、商储公司作为转让方收取了城启公司巨额转让款，既未征得中外合作企业华商贸公司的合作外方华顺达公司的同意，也未按规定报经有关审批机关的批准，未能完成合同约定的主要义务以致合同最终被撤销，应当对本案纠纷承担主要的过错责任。

---

① 广州城启集团有限公司与广州市商业商储公司、广州百货企业集团有限公司股权转让纠纷，(2014) 民二终字第212号。

第四节　中外合作经营企业组织机构

【规则要点】

法人型合作企业的权力机构为董事会，不具有法人资格的合作企业的权力机构是联合管理机构。外商投资法生效后权力机构可能由董事会改成股东会。

合作企业成立后可以委托他人经营管理，也可以由合作一方或者委托中外合作者以外的他人经营管理。

有关中外合作经营企业的税务管理、外汇管理、财务与会计制度、保险等按照中国法律有关规定办理。

【理解与适用】

一、中外合作经营企业权力机构

合作企业设董事会或者联合管理委员会。董事会或者联合管理委员会是合作企业的权力机构，按照合作企业章程的规定，决定合作企业的重大问题。法人型合作企业的权力机构为董事会，不具有法人资格的合作企业的权力机构是联合管理机构。

（一）权力机构人员组成

董事会或者联合管理委员会成员不得少于 3 人，其名额的分配由中外合作者参照其投资或者提供的合作条件协商确定。董事会董事或者联合管理委员会委员由合作各方自行委派或者撤换。董事会董事长、副董事长或者联合管理委员会主任、副主任的产生办法由合作企业章程规定；中外合作者的一方担任董事长、主任的，副董事长、副主任由他方担任。董事或者委员的任期由合作企业章程规定；但是，每届任期不得超过 3 年。董事或者委员任期届满，委派方继续委派的，可以连任。

董事长或者主任是合作企业的法定代表人。董事长或者主任因特殊原因不能履行职务时，应当授权副董事长、副主任或者其他董事、委员对外代表合作企业。

（二）权力机构会议召开和表决

董事会会议或者联合管理委员会会议每年至少召开1次，由董事长或者主任召集并主持。董事长或者主任因特殊原因不能履行职务时，由董事长或者主任指定副董事长、副主任或者其他董事、委员召集并主持。1/3以上董事或者委员可以提议召开董事会会议或者联合管理委员会会议。

董事会会议或者联合管理委员会会议应当有2/3以上董事或者委员出席方能举行，不能出席董事会会议或者联合管理委员会会议的董事或者委员应当书面委托他人代表其出席和表决。董事会会议或者联合管理委员会会议作出决议，须经全体董事或者委员的过半数通过。董事或者委员无正当理由不参加又不委托他人代表其参加董事会会议或者联合管理委员会会议的，视为出席董事会会议或者联合管理委员会会议并在表决中弃权。

召开董事会会议或者联合管理委员会会议，应当在会议召开的10天前通知全体董事或者委员。董事会或者联合管理委员会也可以用通讯的方式作出决议。

下列事项由出席董事会会议或者联合管理委员会会议的董事或者委员一致通过，方可作出决议：

（1）合作企业章程的修改；

（2）合作企业注册资本的增加或者减少；

（3）合作企业的解散；

（4）合作企业的资产抵押；

（5）合作企业合并、分立和变更组织形式；

（6）合作各方约定由董事会会议或者联合管理委员会会议一致通过方可作出决议的其他事项。

董事会或者联合管理委员会的议事方式和表决程序，除法律规定的外，由合作企业章程规定。

二、经营管理机构

合作企业设立经营管理机构，负责企业的经营管理工作。合作企业设总经理1人，负责合作企业的日常经营管理工作，对董事会或者联合管理委员会负责。合作企业的总经理由董事会或者联合管理委员会聘任、解聘。总经理及其他高级管理人员可以由中国公民担任，也可以由外国公民担任。经董事会或者联合管理委员会聘任，董事或者委员可以兼任合作企业的总经理或者其他高级管理职务。

总经理及其他高级管理人员无法胜任工作或者有营私舞弊或者严重失职行为的，经董事会或者联合管理委员会决议，可以解聘；给合作企业造成损失的，应当依法承担责任。

三、委托经营管理

合作企业成立后可以委托他人经营管理。实践中存在两种情况：一种是合作企业委托合作一方全权进行经营管理，合作的其他方不得参与企业的经营管理活动；另一种是合作企业成立后委托中外合作者以外的他人经营管理，即合作企业作为委托方同受托方签订委托经营管理合同，受托方与合作企业的全部或部分经营管理权交给受托方，由受托方进行经营管理，合作企业承担全部的经营风险，享有全部的收益，并依照合同约定向受托方支付管理费。合作企业成立后委托合作各方以外的他人经营管理的，必须经董事会或者联合管理委员会一致同意，并应当与被委托人签订委托经营管理合同。

第五节　中外合作经营企业收益分配与投资收回

【规则要点】

中外合作者可以采用分配利润、分配产品或者合作各方共同商定的其他方式分配收益。

中外合作经营企业中的外国合作者按照法律规定以及合同的约定，以分取固定资产折旧、无形资产摊销等形成的资金以及其他方式，在符合审批条件的情况下，其合作期限内可以先行回收其投资。

【理解与适用】

一、中外合作经营企业收益分配

中外合作者可以采用分配利润、分配产品或者合作各方共同商定的其他方式分配收益。采用分配产品或者其他方式分配收益的，应当按照税法的有关规定，计算应纳税额。在收益分配上，中外合资经营企业是按照合营各方投资比例分享企业收益，中外合作者还可以按照合作合同约定的方式分配收益和产品，收益分配方式比较多元化。

二、外国合作者先行收回投资

先行收回投资，是指中外合作经营企业中的外国合作者按照法律规定以及合同的约定，以分取固定资产折旧、无形资产摊销等形成的资金以及其他方式，在合作期限内先行回收其投资的行为。

中外合作者在合作企业合同中约定合作期限届满时，合作企业的全部固定资产无偿归中国合作者所有的，外国合作者在合作期限内可以申请按照下列方式先行回收其投资：

（1）在按照投资或者提供合作条件进行分配的基础上，在合作企业合同中约定扩大外国合作者的收益分配比例；

（2）经财政税务机关按照国家有关税收的规定审查批准，外国合作者在合作企业缴纳所得税前回收投资；

（3）经财政税务机关和审查批准机关批准的其他回收投资方式。

在按照投资或者提供合作条件进行分配的基础上，扩大外国合作者的收益分配比例，或者外国合作者在合作企业缴纳所得税前回收投资以及其他方式先行回收投资，其财务实质都是外国合作者以股东身份参与对企业收益的分配，从而实现投资回报。从企业财务管理来讲，外国合作者先行回收投资的资金，主要来源于企业通过提取固定资产折旧或无形资产摊销积累的资金以及企业实现的利润。因此，先行回收投资的“其他方式”，包括利润分配方式。

外国合作者依照上述规定在合作期限内先行回收投资的，中外合作者应当依照有关法律的规定和合作企业合同的约定，对合作企业的债务承担责任。特别需要强调的是，合作企业的亏损未弥补前，外国合作者不得先行回收投资。合作企业债务没有得到清偿之前，中国合作者也不得先行享有合作企业的固定资产。合作企业应当按照国家有关规定聘请中国注册会计师进行查账验证。合作各方可以共同或者单方自行委托中国注册会计师查账，所需费用由委托查账方负担。

三、政府对外商先行收回投资的规定

从一般公司法的角度来讲，一旦出资后形成公司财产，为了维持公司正常运转，不允许投资者抽回资本。但是中国为了鼓励外商投资，采取灵活的利润分配方式，允许外国投资者在一定期限内先行收回投资。

（一）申请条件

合作企业申请先行回收投资应当符合下列条件：

（1）中外合作者在合作企业合同中约定合作期满时，企业清算后的全部固定资产无偿归中国合作者所有；

（2）合作企业出具承诺函承诺债务的偿付优先于投资的先行回收；

（3）先行回收投资的外国合作者出具承诺函承诺在先行回收投资的范围内对合作企业的债务承担连带责任；

（4）合作企业依据法律及合同约定出资到位；

（5）合作企业经营和财务状况良好，没有未弥补亏损。

（二）报送审批的文件

合作企业申请先行回收投资的，应当向财政机关报送以下材料：

（1）合作企业申请函，具体说明先行回收投资的总额、期限和方式；

（2）外商投资企业批准证书、工商营业执照（原件、副本）及复印件；

（3）合作企业合同和章程的复印件；

（4）中国注册会计师出具的合作企业验资报告；

（5）合作企业董事会或者联合管理机构关于本期先行回收投资方案的决议、合作企业拟进行回收投资当期经依法审计的财务会计报告、合作企业到期债务说明、合作企业及外国合作者债务承诺函等。

（三）审批机关和程序

先行回收投资的审批机构为企业所在地的省、自治区、直辖市及计划单列市的财政机关。财政机关应当对申请的合作企业报送的材料进行审查，对材料不齐全或者不符合法定形式的，应当当场或者在5日内一次告知申请人需要补正的全部材料和内容；逾期不告知的，自收到材料之日起即为受理。对报送材料齐全、符合法定形式，或者申请的合作企业按照要求提交全部补正材料的应当受理。财政机关受理申请或者不予受理申请，应当向申请的合作企业出具加盖本财政机关专用印章和注明日期的书面凭证。

合作企业的申请符合法定条件、标准的，财政机关应当依法作出准予先行回收投资的书面决定。财政机关依法作出不予行政许可的书面决定的，应当说明理由，并告知申请的合作企业享有依法申请行政复议或者提起行政诉讼的权利。申请的合作企业对于财政机关不予受理、不予行政许可或行政处罚的决定有异议的，可以依法申请行政复议或者提起行政诉讼。

财政机关应当在受理合作企业申请之日起20日内作出审批决定。20日内不能作出决定的，经财政机关负责人批准，可以适当延长，但最长不得超过10日，并将延长期限的理由告知申请的合作企业。财政机关批准后，应将其批复及合作企业和外国投资者报送的承诺函抄送同级商务及外汇主管部门。

（四）法律责任

合作企业隐瞒有关情况或者提供虚假材料申请先行回收投资的，财政机关不予受理或者不予批准，并给予警告。合作企业以欺骗、贿赂等不正当手段取得先行回收投资许可的，财政机关应当依法撤销其审批决定并给予行政处罚。如果财政机关及其工作人员不依法履行职责的，按有关法律法规的规定，承担法律责任。

四、外商投资法生效后对中外合作经营企业法的影响

（一）中外合作经营企业法和外商投资法的不同

1. 企业设立、变更、终止等审批程序

中外合作经营企业法及其实施条例中对负面清单以内的限制投资领域实行审批制度，不涉及国家规定实施外资准入特别管理措施的，适用备案管理制度。

外商投资法则明确沿用负面清单管理制度。对负面清单之内的投资领域，实施外资准入特别管理措施。对负面清单之外的投资领域，实行备案制度。

2. 企业组织形式

中外合作经营企业法规定的组织形式是有法人资格的组织形式是有限责任公司或不具有法人资格的合作企业，合作各方的关系为合作关系。

外商投资法规定，根据公司法设立具有法人资格的外商投资企业可以是有限责任公司或者股份有限公司，也可以根据合伙企业法设立不具有法人资格的外商投资合伙企业。

3. 外资比例限制

中外合作经营企业法及其实施条例要求在依法取得法人资格的合作企业中，外国合作者投资比例一般不低于25%；根据外商投资法和公司法的规定，除负面清单特别规定外，外国投资者的投资比例不受限制。

4. 企业的组织机构

（1）企业的最高权力机构

根据中外合作经营企业法及其实施条例的规定，具有法人资格的合作企业，为董事会，不设股东会；不具有法人资格的合作企业，一般为联合管理委员会。

根据外商投资法和公司法的规定，外商投资企业的最高权力机构为股东会或者股东大会，职权包括审议和批准修改公司章程，增减资，公司合并、分立、解散等重大事项，并且必须经代表公司2/3以上表决权的股东批准通过。

（2）董事会

合作企业董事会成员或者联合管理委员会成员不得少于3人。董事会董事或联合管理委员会成员由合作各方委派产生。董事会或联合管理委员会职权包括：修改章程，注册资本增加、减少，合作企业的解散，合作企业的资产抵押，合营企业的合并、分立或变更组织形式等。

根据公司法的规定，股份公司和有限公司的董事由股东会或股东大会选举产生。有限公司可以不设董事会，仅设1名执行董事。董事会职权主要是召集股东会议，向股东报告工作，执行股东会决议，制定公司的经营计划和投资方案，制定公司利润和分配方案和弥补亏损方案，制定公司的基本管理制度等。

(3) 董事和法定代表人

中外合作经营企业法规定董事长或联合管理委员会主任担任法定代表人。

公司法规定，非职工代表担任的董事由股东会选举和更换，对于正副董事长、正副经理（厂长）的选任没有限制，公司的董事长、执行董事和经理都可以作为法定代表人。

5. 股份转让

中外合作经营企业法规定，合作各方之间互相转让或者合作一方向合作他方以外的他人转让属于其在合作企业合同中全部或者部分权利的，须经合作他方书面同意。

公司法规定，股份有限公司股权转让原则上自由。除非公司章程另有规定，有限责任公司股东之间可以相互转让全部或者部分股权。有限责任公司股东向股东以外的人转让股权，应当经其他股东过半数同意。转让方就其股权转让事项书面通知其他股东征求同意，其他股东自接到书面通知之日起满30日未答复的，视为同意转让。其他股东半数以上不同意转让的，不同意的股东应当购买该转让的股权；不购买的，视为同意转让。经股东同意转让的股权，在同等条件下，其他股东有优先购买权。

6. 利润分配

中外合作经营企业法规定中外合作双方，按照合作合同的约定分配收益。

外商投资法生效后，按照实缴的出资比例分配；但是，全体股东约定不按照出资比例分配的除外。

(二) 对于中外合作经营企业的影响

1. 现有中外合作经营企业

中外合作经营企业，在外商投资法规定的5年过渡期内，外国投资合作一方需要及时与有关中方合资伙伴进行磋商，对其在中国已设立的中外合作经营企业的合作合同和章程及时作出相应的修订，并报有关政府部门审批或备案，包括增加股东会的相关条款、对有关董事会的条款进行修订等，以符合公司法在组织机构和公司治理的相关规定。

不具有法人资格的中外合作经营企业，可选择有限责任公司、股份公司、合伙企业等企业形式。

2. 外商投资新设企业

按照公司法对有限责任公司或者股份有限公司要求进行组建，或者按照合伙企业法设立外商投资合伙企业。

3. 其他方面

关于企业员工福利、劳动保险、税务和外汇管理等方面的规定，仍应按照有关劳动、税务或外汇的相关法律、法规执行。

【风险提示】

1. 对于法人型合作企业，优势在于合作企业以其全部资产对公司债务承担责任即有限责任，但是当企业的全部资产大于中外合作者的投资时，可以合同约定企业债务的承担方式，不一定按照出资比例或合作条件来分担债务。

2. 对于非法人型企业，有类似于合伙企业的性质，在承担债务的时候，按照企业资产优先原则，当企业资产不足以清偿的时候，合作各方按照各自责任份额承担。建议尽量设立法人型合作企业。

3. 委托管理的风险在于受托方的经营债务可能超过企业债务的底线，对此可以要求受托方提供风险抵押金来保证受托方对合作企业的忠实勤勉尽责的履行职责。

4. 合作企业的亏损未弥补前，外国合作者不得先行回收投资。

第八章

外资企业

第一节　外资企业概述

【规则要点】

外资企业，是指全部资本由外国投资者投资，依据中国法律在中国境内设立的符合法人条件的外资企业或者不符合法人条件的属于合伙、独资性质的企业。

【理解与适用】

一、外资企业的概念

外资企业亦称外商独资企业，是指外国公司、企业、其他经济组织或个人，依照中国有关法律在中国境内设立的全部资本由外国投资者投资的企业，不包括外国的企业和其他经济组织在中国境内的分支机构。

无论合资企业还是合作企业，其中都有中方的参与，外国公司要想取得对外资企业生产和经营完全的控制权，可以在中国设立子公司，这类子公司的资本完全来源于外国母公司，不同于在中国境内取得利润后的再投资。子公司对自己的经营完全负责，独自承担债权债务。但外国企业不包括外国企业在中国的分支机构，因为分支机构或者“分公司”本身不具有法律和经济上的独立性，债权债务关系均由总公司承担。

外资企业的优点在于：

（1）避免同合营企业的合作伙伴在企业未来发展战略、市场目标、企业文化建设、管理方式和利润分配等方面的矛盾和冲突；

（2）可以配合外国母公司实现自己的跨国扩张版图和经营战略目标，并方便母子公司之间转移定价；

（3）有利于外国投资者在没有中方参与的情况下对自己的生产技术、销售技术以及商业秘密的控制和保护。

二、外资企业的法律特征

1. 投资资本来源不同。外资企业的全部资本由外国投资者投资，外国投资者可以是外国的公司、企业、其他经济组织或个人，可以是一方独资设立全资子公司，也可以设立外资合资的外资企业，其合资企业和合营企业都有中方投资者的参与。

2. 外资企业从国籍上来说是中国企业，可以是法人也可以不具备法人资格。因为外资企业是依据中国法律在中国境内设立的符合法人条件的外资企业或者不符合法人条件的属于合伙、独资性质的企业。

3. 外资企业在法律性质上不属于外国企业分支机构。

因此，基于外资企业的种种优点，深受外国投资者的青睐并成为在国际投资中通行有效的投资方式。根据2018年版《中国外商投资报告》，2017年，新设外资企业27007家，同比增长28.5%，占全年新设立外商投资企业总数的75.8%；实际投资金额913.4亿美元，同比增长6.1%，占全年实际投资金额的69.7%。

三、外资企业的立法概况

中国外资企业的设立和发展主要法律依据是1986年4月12日通过的《中华人民共和国外资企业法》，随着实践中经济的发展状况，2000年10月31日为了适应加入世界贸易组织的需要进行了第一次修正，为了适应“一带一路”发展需要在2016年9月3日进行了第二次修正。与之相配套的《中华人民共和国外资企业法实施细则》于1990年12月12日由原对外经济贸易部公布并施行，2001年4月12日根据外资企业法的修改作了第一次修正，2014 年 2 月 19 日根据《中华人民共和国国务院令第 648 号——国务院关于废止和修改部分行政法规的决定》第二次修正。自 2020 年 1 月 1 日外商投资法开始施行之日起，外资企业法及其实施细则同时废止。

第二节　外资企业的设立与变更

【规则要点】

外资企业的设立需要符合中国法律法规，并提交相应申请文件和审批程序。不涉及特别管理措施的外资企业适用备案管理。

【理解与适用】

一、外资企业的设立

（一）外资企业设立的概念

外资企业设立，是指外国公司、企业、其他经济组织或个人按照中国法律规定的法定条件和程序，在外资企业成立之前为组建外资企业而采取的一系列法律行为。

（二）外资企业设立的条件

1. 积极条件

设立外资企业，必须有利于中国国民经济的发展，能够取得显著的经济效益。中国鼓励外资企业采用先进技术和设备，从事新产品开发，实现产品升级换代，节约能源和原材料，并鼓励举办产品出口的外资企业。

2. 消极条件

申请设立外资企业，有下列情况之一的，不予批准：

（1）有损中国主权或者社会公共利益的；

（2）危及中国国家安全的；

（3）违反中国法律、法规的；

（4）不符合中国国民经济发展要求的；

（5）可能造成环境污染的。

禁止或者限制设立外资企业的行业，按照国家指导外商投资方向的规定及《外商投资产业指导目录》执行。

（三）外资企业设立前的申报报告、申请书和章程

1. 设立前申请报告的要求

外国投资者在提出设立外资企业的申请前，应当就下列事项向拟设立外资企业所在地的县级或者县级以上地方人民政府提交报告：

（1）设立外资企业的宗旨；

（2）经营范围、规模；

（3）生产产品；

（4）使用的技术设备；

（5）用地面积及要求；

（6）需要用水、电、煤、煤气或者其他能源的条件及数量；

（7）对公共设施的要求等。

县级或者县级以上地方人民政府应当在收到外国投资者提交的报告之日起30日内以书面形式予以答复。

2. 设立外资企业申请书

设立外资企业的申请书应当包括下列内容：

（1）外国投资者的姓名或者名称、住所、注册地和法定代表人的姓名、国籍、职务；

（2）拟设立外资企业的名称、住所；

（3）经营范围、产品品种和生产规模；

（4）拟设立外资企业的投资总额、注册资本、资金来源、出资方式和期限；

（5）拟设立外资企业的组织形式和机构、法定代表人；

（6）采用的主要生产设备及其新旧程度、生产技术、工艺水平及其来源；

（7）产品的销售方向、地区和销售渠道、方式；

（8）外汇资金的收支安排；

（9）有关机构设置和人员编制，职工的招用、培训、工资、福利、保险、劳动保护等事项的安排；

（10）可能造成环境污染的程度和解决措施；

（11）场地选择和用地面积；

（12）基本建设和生产经营所需资金、能源、原材料及其解决办法；

（13）项目实施的进度计划；

（14）拟设立外资企业的经营期限。

3. 外资企业的章程

外资企业的章程应当包括下列内容：

（1）名称及住所；

（2）宗旨、经营范围；

（3）投资总额、注册资本、认缴出资额、出资方式、出资期限；

（4）组织形式；

（5）内部组织机构及其职权和议事规则，法定代表人以及总经理、总工程师、总会计师等人员的职责、权限；

（6）财务、会计及审计的原则和制度；

（7）劳动管理；

（8）经营期限、终止及清算；

（9）章程的修改程序。

二、外资企业审批与备案管理

适用《外商投资准入特别管理措施（负面清单）（2020 年版）》的外资企业需要经过审批，不涉及特别管理措施的外资企业应该适用《外商投资信息报告办法》的规定。

根据中国有关法律和行政法规的规定，中外合资经营企业、中外合作经营企业、外资企业由国家市场监督管理总局或者国家市场监督管理总局授权的地方市场监督管理部门核准登记注册。

（一）外资企业审批登记

1. 审批机关

外资企业的申请设立由国务院商务部及国务院授权的省、自治区、直辖市和计划单列市、经济特区人民政府审查批准。

2. 审批时提交文件

外国投资者设立外资企业，应当通过拟设立外资企业所在地的县级或者县级以上地方人民政府向审批机关提出申请，并报送下列文件：

（1）设立外资企业申请书；

（2）可行性研究报告；

（3）外资企业章程；

（4）外资企业法定代表人（或者董事会人选）名单；

（5）外国投资者的法律证明文件和资信证明文件；

（6）拟设立外资企业所在地的县级或者县级以上地方人民政府的书面答复；

（7）需要进口的物资清单；

（8）其他需要报送的文件。

其中上述（1）（3）项文件必须用中文书写；（2）（4）（5）项文件可以用外文书写，但应当附中文译文。如果两个或者两个以上外国投资者共同申请设立外资企业，应当将其签订的合同副本报送审批机关备案。

3. 审批程序

设立外资企业的申请，由商务部审查批准后，发给批准证书。设立外资企业的申请属于下列情形的，国务院授权省、自治区、直辖市和计划单列市、经济特区人民政府审查批准后，发给批准证书：

（1）投资总额在国务院规定的投资审批权限以内的；

（2）不需要国家调拨原材料，不影响能源、交通运输、外贸出口配额等全国综合平衡的。

审查批准机关应当在接到申请之日起 90 日内决定批准或者不批准。省、自治区、直辖市和计划单列市、经济特区人民政府在国务院授权范围内批准设立外资企业，应当在批准后 15 日内报商务部备案。

申请设立的外资企业，其产品涉及出口许可证、出口配额、进口许可证或者属于国家限制进口的，应当依照有关管理权限事先征得商务部的同意。

外资企业应当在审查批准机关核准的期限内在中国境内投资；逾期不投资的，工商行政管理机关有权吊销营业执照。工商行政管理机关对外资企业的投资情况进行检查和监督。

设立外资企业的申请经批准后，外国投资者应当在接到批准证书之日起 30 日内向工商行政管理机关申请登记，领取营业执照。外资企业的营业执照签发日期，为该企业成立日期。外国投资者在收到批准证书之日起满30日未向工商行政管理机关申请登记的，外资企业批准证书自动失效。外资企业应当在企业成立之日起30日内向税务机关办理税务登记。

外国投资者可以委托中国的外商投资企业服务机构或者其他经济组织代为办理外资企业申请设立程序相关规定事宜，但须签订委托合同。

（二）外资企业备案管理

不涉及特别管理准入措施的外资企业适用《外商投资信息报告办法》的规定，详细内容参见本书第三章第二节的有关规定。

第三节 外资企业的组织形式、注册资本与出资

【规则要点】

外资企业的组织形式为有限责任公司，外国投资者对企业的责任以其认缴的出资额为限，但外资企业以其全部资产对公司债务承担责任。经批准也可为其他责任形式，比如参照合伙和独资企业的规定承担相应责任。

外资企业的注册资本，是指为设立外资企业在工商行政管理机关登记的资本总额，即外国投资者认缴的全部出资额。

外国投资者可以用可自由兑换的外币出资，机器设备、工业产权、专有技术等经批准后也可作价出资或进行再投资。

【理解与适用】

一、外资企业的组织形式

外资企业符合中国法律关于法人条件的规定的，依法取得中国法人资格。外资企业的组织形式为有限责任公司，经批准也可为其他责任形式。外资企业为有限责任公司的，外国投资者对企业的责任以其认缴的出资额为限，但外资企业以其全部资产对公司债务承担责任。有限责任的外资公司的内部组织机构及其职权和议事规则由外资企业的公司章程确定。

外资企业为其他责任形式的，外国投资者对企业的责任适用中国法

律、法规的规定，比如参照合伙和独资企业的规定承担相应责任。这里的合伙企业，是指两个或两个以上的外国投资者按照中国的法律共同出资，共同经营，共享收益，共担风险的企业组织形式，其中合伙各方对合伙企业的债务承担无限连带责任。这里的独资企业，是指一个外国投资者独自出资，独资经营管理，自担风险和独享利益的企业组织形式，该外国投资者对独资企业的债务承担连带责任。

外资企业的法定代表人是依照其章程规定，代表外资企业行使职权的负责人。法定代表人无法履行其职权时，应当以书面形式委托代理人，代其行使职权。

二、外资企业的注册资本

（一）注册资本与投资总额

1. 注册资本与投资总额的含义

外资企业的注册资本，是指为设立外资企业在工商行政管理机关登记的资本总额，即外国投资者认缴的全部出资额。外资企业的投资总额，是指开办外资企业所需资金总额，即按其生产规模需要投入的基本建设资金和生产流动资金的总和。外资企业的注册资本与投资总额的比例应当符合中国有关规定。

2. 资本实质变化时的审批

外资企业在经营期内不得减少其注册资本。但是，因投资总额和生产经营规模等发生变化，确需减少的，须经审批机关批准。外资企业注册资本的增加、转让，须经审批机关批准，并向工商行政管理机关办理变更登记手续。外资企业将其财产或者权益对外抵押、转让，须经审批机关批准并向工商行政管理机关备案。

三、外资企业关于出资的管理规定

（一）出资方式

中国法律规定了外国投资者灵活的出资方式，外国投资者可以用可自由兑换的外币出资，也可以用机器设备、工业产权、专有技术等作价出资。经审批机关批准，外国投资者也可以用其从中国境内举办的其他外商投资企业获得的人民币利润出资，即通过再投资的方式出资。

1. 以机器设备出资

首先，外国投资者以机器设备作价出资的，该机器设备应当是外资企业生产所必需的设备。该机器设备的作价不得高于同类机器设备当时的国际市场正常价格。

其次，对作价出资的机器设备，应当列出详细的作价出资清单，包括名称、种类、数量等，作为设立外资企业申请书的附件一并报送审批机关。

最后，关于商检的要求。作价出资的机器设备运抵中国口岸时，外资企业应当报请中国的商检机构进行检验，由该商检机构出具检验报告。如果作价出资的机器设备的品种、质量和数量与外国投资者报送审批机关的作价出资清单不符的，审批机关有权要求外国投资者限期改正。

2. 以工业产权、专有技术作价出资

首先，外国投资者以工业产权、专有技术作价出资的，该工业产权、专有技术应当为外国投资者所有。

其次，对作价出资的工业产权、专有技术，应当备有详细资料，包括所有权证书的复制件，有效状况及其技术性能、实用价值，作价的计算根据和标准等，作为设立外资企业申请书的附件一并报送审批机关。

最后，作价出资的工业产权、专有技术实施后，审批机关有权进行检查。该工业产权、专有技术与外国投资者原提供的资料不符的，审批机关有权要求外国投资者限期改正。

（二）出资期限

外国投资者缴付出资的期限应当在设立外资企业申请书和外资企业章程中载明。根据2013年公司法的修改，《中华人民共和国外资企业法实施细则（2014年修订）》曾取消了对出资期限在3年缴清和首期出资比例不少于认缴出资额的15%的限制，出资期限和首次出资的比例不受法定期限的限制意味着外国投资者可以根据自身实际情况和资金实力来投资并自己控制出资的时间和比例，拥有较大的自主性和灵活性。具体规定由《中华人民共和国外商投资法实施条例》予以明确。

【相关案例】

金昇公司、海照公司是外资独资企业，登记投资外商分别为永星贸易行、银屏公司，实际投资人为柯继照、陈有金和黄星铧。2007年8月13

日，永星贸易行、银屏公司、陈有金、黄星铧、柯继照签订了《股权转让协议》（即8.13协议），约定柯继照持有的金昇公司、海照公司的股权转让给陈有金、黄星铧，受让方分期支付股权转让款。为了办理变更手续，永星贸易行、银屏公司、陈有金、黄星铧签署了《股权转让协议书》（10.15协议）。2007年11月27日金昇公司、海照公司股东均变更为新金星公司，新金星公司是陈有金和黄星铧在澳门注册的有限责任公司。随后，陈有金和黄星铧不继续履行付款义务，并主张基于显失公平撤销8.13协议。①

本案经过一审、二审、再审，最高人民法院认为8.13协议是投资外方的实际出资人之间转让投资权利，股权转让不能在他们之间直接进行，不需要报内地外商投资审批机关批准。根据合同法规则，协议成立时即生效。永星贸易行、银屏公司与受让人新金星公司签订的10.15协议已经过审批，股份也已过户，股权转让符合法律规定。当事人在8.13协议中关于转让价格的约定是真实意思表示，10.15协议规定的价格则不是当事人真实的意思表示。因此陈有金、黄星铧应当按照8.13协议确定的股权转让款履行金钱给付义务。

第四节　外资企业的经营管理

【规则要点】

外资企业的经营管理主要有场地使用及其费用、物资购买和产品销售、税务管理、外汇管理、财务会计制度、劳动管理和工会等方面。

【理解与适用】

一、场地使用及其费用

（一）场地使用

外资企业的用地，由外资企业所在地的县级或者县级以上地方人民政

① 柯继照与陈有金、黄星铧等股权转让纠纷案，（2015）民提字第40号。

府根据本地区的情况审核后，予以安排。外资企业应当在营业执照签发之日起30日内，持批准证书和营业执照到外资企业所在地县级或者县级以上地方人民政府的土地管理部门办理土地使用手续，领取土地证书。土地证书为外资企业使用土地的法律凭证。外资企业在经营期限内未经批准，其土地使用权不得转让。

（二）费用缴纳

1. 土地使用费

外资企业在领取土地证书时，应当向其所在地土地管理部门缴纳土地使用费。

2. 土地开发费

根据土地是否开发，可以分为经过开发的土地和未经开发的土地。外资企业使用经过开发的土地，应当缴付土地开发费。土地开发费包括征地拆迁安置费用和为外资企业配套的基础设施建设费用。土地开发费可由土地开发单位一次性计收或者分年计收。外资企业使用未经开发的土地，可以自行开发或者委托中国有关单位开发。基础设施的建设，应当由外资企业所在地县级或者县级以上地方人民政府统一安排。

外资企业的土地使用费和土地开发费的计收标准，依照中国有关规定办理。外资企业的土地使用年限，与经批准的该外资企业的经营期限相同。

二、物资购买和产品销售

（一）物资购买

物资，是指机器设备、原材料、燃料、零部件、配套件、元器件、运输工具和办公用品等，外资企业有权自行决定购买本企业自用的必需物资。外资企业在中国购买物资的，在同等条件下，应享受与中国企业同等的待遇。

外资企业在国外购买物资即为进口，在批准的经营范围内，进口本企业自用并为生产所需的物资，依照规定需要领取进口许可证的，应当编制年度进口计划，每半年向发证机关申领一次。外国投资者作为出资的机器设备，依照规定需要领取进口许可证的，外资企业凭批准的该企业进口设备和物资清单直接或者委托代理机构向发证机关申领进口许可证。

（二）产品销售

外资企业可以在中国市场销售其产品，其既可以自行在中国销售本企业生产的产品，也可以委托商业机构代销其产品。

国家鼓励外资企业出口其生产的产品。外资企业有权自行出口本企业生产的产品，也可以委托中国的外贸公司代销或者委托中国境外的公司代销。外资企业出口产品，依照规定需要领取出口许可证的，应当编制年度出口计划，每半年向发证机关申领一次。

（三）价格管理

外资企业进口的物资以及技术劳务的价格不得高于当时的国际市场同类物资以及技术劳务的正常价格。外资企业的出口产品价格，由外资企业参照当时的国际市场价格自行确定，但不得低于合理的出口价格。用高价进口、低价出口等方式逃避税收的，税务机关有权根据税法规定，追究其法律责任。

另外，外资企业应当依照《中华人民共和国统计法》及中国利用外资统计制度的规定，提供统计资料，报送统计报表。

三、税务管理

随着中国税务制度改革的推进，营业税全部改为增值税后，企业的税负也随之减轻。外资企业应当依照中国有关税务法律、法规的规定，缴纳税款。外资企业的职工应当依照中国法律、法规的规定，缴纳个人所得税。

外资企业进口下列物资，依照下列有关规定减税、免税：

（1）外国投资者作为出资的机器设备、零部件、建设用建筑材料以及安装、加固机器所需材料；

（2）外资企业以投资总额内的资金进口本企业生产所需的自用机器设备、零部件、生产用交通运输工具以及生产管理设备；

（3）外资企业为生产出口产品而进口的原材料、辅料、元器件、零部件和包装物料。

这些进口物资，经批准在中国境内转卖或者转用于生产、销售的产品，应当依照中国税法纳税或者补税。同样，外资企业生产的出口产品，除限制出口的以外，依照中国税法的有关规定减税、免税或者退税。

四、外汇管理

外资企业的外汇事宜，应当依照中国有关外汇管理的法规办理。外资企业凭工商行政管理机关发给的营业执照，在境内可以经营外汇业务的银行开立账户，由开户银行监督收付。外资企业的外汇收入，应当存入其开户银行的外汇账户；外汇支出，应当从其外汇账户中支付。但是，如果外资企业因生产和经营需要在境外的银行开立外汇账户，须经中国外汇管理机关批准，并依照中国外汇管理机关的规定定期报告外汇收付情况和提供银行对账单。

外资企业中的外籍职工和港、澳、台职工的工资以及其他正当的外汇收益，依照中国税法纳税后，可以自由汇出。

五、财务会计制度

第一，建立财务会计制度。

外资企业应当依照中国法律、法规和财政机关的规定，建立财务会计制度并报其所在地财政、税务机关备案。外资企业的会计年度自公历年的1月1日起至12月31日止。外资企业的自制会计凭证、会计账簿和会计报表，应当用中文书写；用外文书写的，应当加注中文。

第二，税后利润分配。

与中外合资企业不同的是，外资企业依照中国税法规定缴纳所得税后的利润，应当提取储备基金和职工奖励及福利基金。储备基金的提取比例不得低于税后利润的10%，当累计提取金额达到注册资本的50%时，可以不再提取。职工奖励及福利基金的提取比例由外资企业自行确定。

外资企业在以往会计年度的亏损未弥补前，不得分配利润；以往会计年度未分配的利润，可与本会计年度可供分配的利润一并分配。

第三，外资企业应当独立核算。

外资企业的年度会计报表和清算会计报表，应当依照中国财政、税务机关的规定编制。以外币编报会计报表的，应当同时编报外币折合为人民币的会计报表。外资企业的年度会计报表和清算会计报表，应当聘请中国的注册会计师进行验证并出具报告。外资企业的年度会计报表和清算会计报表，连同中国的注册会计师出具的报告，应当在规定的时间内报送财政、税务机关，并报审批机关和工商行政管理机关备案。

外国投资者可以聘请中国或者外国的会计人员查阅外资企业账簿，费用由外国投资者承担。

第四，监督管理。

外资企业应当向财政、税务机关报送年度资产负债表和损益表，并报审批机关和工商行政管理机关备案。外资企业应当在企业所在地设置会计账簿，并接受财政、税务机关的监督。如果外资企业违反上述规定，财政、税务机关可以处以罚款，工商行政管理机关可以责令停止营业或者吊销营业执照。

六、劳动管理

外资企业在中国境内雇用职工，企业和职工双方应当依照中国的法律、法规签订劳动合同。合同中应当订明雇用、辞退、报酬、福利、劳动保护、劳动保险等事项。外资企业境内雇佣的职工的合法权益受到劳动法、劳动合同法的保护。外资企业不得雇用童工。外资企业应当负责职工的业务、技术培训，建立考核制度，使职工在生产、管理技能方面能够适应企业的生产与发展需要。

外资企业的职工有权依照工会法的规定，建立基层工会组织，开展工会活动。外资企业工会是职工利益的代表，有权代表职工同本企业签订劳动合同，并监督劳动合同的执行。有关工会制度具体规定参见第三章中外合资经营企业部分的介绍。

七、外商投资法生效后对外资企业的影响

1. 企业设立、变更、终止等审批程序

外资企业法及其实施细则是对负面清单以内的限制投资领域实行审批制度，不涉及国家规定实施外资准入特别管理措施的，适用备案管理制度；外商投资法则明确沿用负面清单管理制度。对负面清单之内的投资领域，实施外资准入特别管理措施。对负面清单之外的投资领域，实行备案制度。

2. 企业的组织形式

外资企业的组织形式为有限责任公司，经批准也可以为其他责任形

式。外商投资法规定，根据公司法设立具有法人资格的外商投资企业可以是有限责任公司或者股份有限公司。也可以根据合伙企业法设立不具有法人资格的外商投资合伙企业。

3. 企业的组织机构

根据外资企业法及其实施条例的规定，股东会为企业最高的权力机构，重大决议事项由章程规定，但应符合公司法的规定。

根据外商投资法和公司法的规定，企业的最高权力机构为股东会或者股东大会，职权包括审议和批准修改公司章程、增减资、公司合并、分立、解散等重大事项，并且必须经代表公司 2/3 以上表决权的股东批准通过。

4. 税后基金

外资企业的税后利润，应当提取储备基金和职工奖励及福利基金。储备基金的提取比例不得低于税后利润的 10%，直至提取金额达到注册资本的 50%。职工奖励及福利基金的提取比例由外资企业自行确定。

根据公司法的规定，公司分配当年税后利润时，应当提取利润的 10% 列入公司法定公积金。直至公司法定公积金达到公司注册资本的 50% 以上。公司还可以经股东会或股东大会决议，从税后利润中提取任意公积金。

5. 企业清算

清算委员会应当由外资企业的法定代表人、债权人代表以及有关主管机关的代表组成，并聘请中国的注册会计师、律师等参加。

公司法规定，有限公司清算组由股东组成，股份有限公司的清算组由董事会或者股东大会确定的人员组成。

6. 其他方面

按照有关劳动、税务或外汇的相关法律、法规执行。

【风险提示】

注意与中外合资经营企业在利润分配上不同，外资企业依照中国税法规定缴纳所得税后的利润，应当提取储备基金和职工奖励及福利基金。外资企业会计账簿要独立核算。

第九章

外商投资的其他形式

第一节　中外合作开发

【规则要点】

中外合作开发，是指中方和外国投资者合作勘探开发自然资源，允许外国投资者进行开发，通常需要经过资源国的批准，给予一定的特许权。调整中外合作开发法律关系的法律文件主要有《中华人民共和国对外合作开采陆上石油资源条例》《中华人民共和国对外合作开采海洋石油资源条例》（以下分别简称《合作开采陆上石油条例》《合作开采海洋石油条例》）。

中外合作开采石油资源项目的要求需要尊重国家主权，遵守有关环境政策，项目可能会被合理征收，发生争议时可以选择仲裁方式解决，选择起诉应适用中国法专属管辖。

【理解与适用】

一、中外合作勘探开发自然资源

（一）中外合作勘探开发自然资源的概念

中外合作勘探开发自然资源，是指中国公司、企业或其他经济组织与外国公司、企业、其他经济组织或个人通过订立合同，依照中国有关法律在境内的某些特定区域内的合作勘探、开发、生产自然资源。实际上是资源国利用外国投资与外国投资者共同开发资源国自然资源的一种国际合作形式。通常由资源国或国家企业同外国投资者签订中外合作勘探开发自然资源合同，约定在资源国批准开发的特定区域及一定的时间内，允许外国投资者与资源国合作，进行勘探、开发自然资源及有关资源的共同生产项目，按照协议约定承担相应收益和风险。合作开发最大的特点是高风险、高投入、高收益，过程一般分为三个阶段，勘探、开发和生产。

（二）中外合作勘探开发自然资源合同的特点

中外合作勘探开发自然资源合同有以下特点：

（1）中外合作勘探开发为专营勘探开发，作为合作者的中方的合作资格为法律法规所允许，不是任何公司、企业或其他经济组织均可为之；

（2）合作勘探开发的区域须经国务院批准；

（3）中外合作者之间完全是契约式合作，合作条件、产品分配、风险负担完全由合同约定。

（三）合作开发的现状和立法概况

东道国对自然资源享有永久主权，开发自然资源是国家专属的权利，允许外国投资者进行开发，通常需要经过资源国的批准，给予一定的特许权。风险与收益同在，外国投资者在享有较大的优惠和特权的同时，承担勘探风险及其他风险。由于自然资源开发是一种高风险活动，对投资数额和技术要求比较高，因此世界各国大部分采取引进外资的方式来降低本国的投资和风险。东道国政府或国家企业通过与外国投资者签订中外合作勘探开发合同的方式实现合作开发。资源国一般会对这种特殊合同的主要条款内容实行强制性规定。中国调整中外合作开发法律关系的法律文件主要有《合作开采陆上石油条例》《合作开采海洋石油条例》。

二、中外合作开采石油资源项目的要求

（一）尊重中国主权

资源国家对自然资源享有永久主权为现代国际法所公认，在中外合作开发自然资源项目中，尊重资源国主权是贯穿项目始终的显著特征。《合作开采海洋石油条例》和《合作开采陆上石油条例》分别规定：中华人民共和国的内海、领海、大陆架以及其他属于中华人民共和国海洋资源管辖

海域的石油资源；中华人民共和国境内的石油资源属于中华人民共和国国家所有。

国务院指定的部门依据国家确定的合作区域、面积，决定合作方式，划分合作区块；依据国家长期经济计划制定同外国企业合作开采石油资源的规划；制定对外合作开采石油资源的业务政策和审批总体开发方案。合作开采石油的合同，经商务部批准后生效。

合作开采石油资源的一切活动，都应该遵守中国的法律、法规和国家其他有关规定；参与实施石油作业的企业和个人，都应该受到中国法律的约束，接受中国政府有关主管部门的监督。

（二）符合环境保护政策

石油作业容易产生环境污染，一旦发生事故，将会给资源国的生态环境造成比如海洋生物大量死亡，海水污染、土壤变质等难以估量的后果。因此《合作开采海洋石油条例》和《合作开采陆上石油条例》均对环境保护作出了规定。石油开采的作业者和承包者在实施石油作业中，应当遵守中华人民共和国有关环境保护和安全方面的法律、法规和标准，并参照国际惯例进行作业，保护农田、水产、森林资源、渔业资源和其他自然资源，防止对大气、海洋、河流、湖泊和陆地等环境的污染和损害。

（三）合理征收

石油资源处于中国战略储备地位，中国认为在特殊情况下可以予以征收，但征收的同时需要保证中外合作开发石油项目的外方投资者的利益，因此设置了严格的条件：

（1）只有在特殊情况下才能进行征收；

（2）征收目的只能是基于“社会公共利益之需要”；

（3）征收必须依照合法程序进行；

（4）在实施征收之后，对于被征收方必须给予相应的补偿。

（四）争议解决方式

基于合作开发自然资源的重要性，国家在合作开发活动中处于特殊地位，关于合作开发合同的订立、解释、效力及有关契约的争议，应当先通过协商，协商不能解决的，由中国仲裁机构进行调解、仲裁，也可以根据合同协议的约定在其他仲裁机构仲裁。

陆上和海洋石油合作开发都规定了当合同当事人因为执行合同发生争

议时，应当通过协商或者调解解决；不愿协商、调解，或者协商、调解不成的，可以根据合同中的仲裁条款或者事后达成的书面仲裁协议，提交中国仲裁机构或者其他仲裁机构仲裁。外国当事人一般倾向于采取仲裁的方式来解决争议。《合作开采陆上石油条例》还规定了当事人未在合同中订立仲裁条款，事后又没有达成书面仲裁协议的，可以向中国人民法院起诉。一旦起诉即为中国的专属管辖，因此，外国投资者在发生争议时倾向于采取仲裁的方式来解决问题。

三、中外合作开采石油资源合同的法律特征

1. 合同双方主体国籍不同

一方主体是中国石油天然气集团、中国石油化工集团或者中国海洋石油总公司，另一方主体为外国投资者，合同双方是平等民事主体。

2. 合同须经有关部门批准

依据中国法律订立合作开发合同，必须取得中国主管机关的批准，合同才生效，在取得许可之前，合同不发生效力。

3. 合同主要内容是为合作进行石油勘探、开发和生产。

四、中外合作开采石油资源合同各方的权利和义务

（一）外国投资者的权利和义务

《合作开采陆上石油条例》具体规定了外国当事方的权利和义务。

中方石油公司与外国企业合作开采陆上石油资源必须订立合同，除法律、法规另有规定或者合同另有约定外，外国当事方有下列权利和义务：

（1）签订合同的外国投资方单独投资进行勘探，负责勘探作业，并承担勘探风险。

（2）发现有商业开采价值的油（气）田后，由外国合同者与中方石油公司共同投资合作开发。

（3）外国合同者应承担开发作业和生产作业，直至中方石油公司按照合同约定接替生产作业。

（4）外国合同者可以按照合同约定，从生产的石油中回收其投资和费用，并取得报酬。

（5）外国合同者根据国家有关规定和合同约定，可以将其应得的石油

和购买的石油运往国外，也可以依法将其回收的投资、利润和其他合法收益汇往国外。外国合同者开立外汇账户和办理其他外汇事宜，应当遵守《中华人民共和国外汇管理条例》和国家有关外汇管理的其他规定。

（6）外国合同者的投资，应当采用美元或者其他可自由兑换货币。

（7）外国合同者在执行合同的过程中，应当及时地、准确地向中方石油公司报告石油作业情况，完整地、准确地取得各项石油作业的数据、记录、样品、凭证和其他原始资料，并按规定向中方石油公司提交资料和样品以及技术、经济、财会、行政方面的各种报告。

（8）外国合同者执行合同，除租用第三方的设备外，按照计划和预算所购置和建造的全部资产，在其投资按照合同约定得到补偿或者该油（气）田生产期期满后，所有权属于中方石油公司。在合同期内，外国合同者可以按照合同约定使用这些资产。

（二）中方的权利和义务

中方的权利和义务主要有：

（1）在条件具备的情况下，有权接替生产作业；

（2）有权派人参加外国作业者为执行石油合同而进行的总体设计和工程设计；

（3）外国合同者执行合同，除租用第三方的设备外，按照计划和预算所购置和建造的全部资产，在其投资按照合同约定得到补偿或者该油（气）田生产期期满后，所有权属于中方石油公司。

【风险提示】

中外合作勘探开发中，外国投资者在享有较大的优惠和特权的同时，承担勘探风险及其他风险；中外合作勘探开发合同纠纷属于中国专属管辖，建议合作开发各方首先采取协商或者约定仲裁的方式解决有关争议。

【相关案例】

蒙古能源有限公司为在我国香港特别行政区设立的境外公司。2007 年 5 月 5 日蒙古能源有限公司（甲方）与中国煤炭地质总局一二九勘探队（乙方）签订《蒙古国西部金属矿地质勘查工程合同》，约定乙方进行钻探，甲方承担乙方发生的费用。2007 年 6 月 29 日双方签订了《蒙古国科布多省扩大地区—有色金属及黑色金属资源勘查工程临时订金缴付书》，约定甲方先行缴付 1020 万元作为有条件可退回订金。2007 年 7 月 4 日，甲方向乙方汇款 1020 万元。2015 年 6 月 29 日、8 月 7 日，甲方两次向乙方发出《催款函》，要求退还订金 1020 万元。2015 年 8 月 10 日乙方回函，要求继续履行《蒙古国西部金属矿地质勘查工程合同》。①

法院经过审理，认为双方签订的《蒙古国西部金属矿地质勘查工程合同》《蒙古国科布多省扩大地区—有色金属及黑色金属资源勘查工程临时订金缴付书》是双方真实意思表示，合法有效。蒙古能源有限公司主张退还 1020 万元，符合《临时订金缴付书》的约定。但同时蒙古能源有限公司主张退回订金表明其不再履行合同，构成违约，符合《蒙古国西部金属矿地质勘查工程合同》关于由于甲方原因导致合同中止执行的：施工人员、设备进入工地前，甲方承担乙方已发生费用，并承担违约金人民币 200 万元的约定，因此需要支付违约金 200 万元。

【法条指引】

中华人民共和国对外合作开采陆上石油资源条例（节录）

第四条 中国政府依法保护参加合作开采陆上石油资源的外国企业的合作开采活动及其投资、利润和其他合法权益。

在中华人民共和国境内从事中外合作开采陆上石油资源活动，必须遵守中华人民共和国的有关法律、法规和规章，并接受中国政府有关机关的监督管理。

第六条 国务院指定的部门负责在国务院批准的合作区域内，划分合作区块，确定合作方式，组织制定有关规划和政策，审批对外合作油（气）田总体开发方案。

第十四条 外国合同者可以按照合同约定，从生产的石油中回收其投资和费用，并取得报酬。

---

① 蒙古能源有限公司与中国煤炭地质总局一二九勘探队中外合作勘探开发自然资源合同纠纷案，（2016）冀 01 民初 102 号。

第十五条 外国合同者根据国家有关规定和合同约定，可以将其应得的石油和购买的石油运往国外，也可以依法将其回收的投资、利润和其他合法收益汇往国外。

外国合同者在中华人民共和国境内销售其应得的石油，一般由中方石油公司收购，也可以采取合同双方约定的其他方式销售，但是不得违反国家有关在中华人民共和国境内销售石油产品的规定。

第十六条 外国合同者开立外汇账户和办理其他外汇事宜，应当遵守《中华人民共和国外汇管理条例》和国家有关外汇管理的其他规定。

外国合同者的投资，应当采用美元或者其他可自由兑换货币。

第二节 BOT及其衍生形式

【规则要点】

BOT投资方式的经营管理是由项目方在政府许可范围内，由建设方依照自己的经营管理模式来运营，一般通过项目收取电费、通行费等来偿还债务和回收投资，BOT项目终结时不需要进行清算，项目由东道国政府收回。

BOT项目涉及东道国政府、BOT项目发起人、项目公司、项目贷款人、承建人、经营管理人等多个法律主体，形成多种法律关系。

【理解与适用】

一、BOT投资方式的概念

BOT是英文Build-Operate-Transfer（建设—经营—移交）的简称。典型的BOT形式，是指由项目所在国政府与投资者签订合同，投资者在投资国承担一个既定的工业项目或基础设施项目，负责的项目是建造、运营、维修和转让。投资者在固定期限内营业，并且被允许在该期限内回收对该项目的投资、营运、维修费以及其他费用和获取利润，在规定的期限届满之后，将该项目转让给项目方的政府。在中国以BOT方式设立项目公司的形式，主要应用于高速公路、电厂、铁路、污水处理厂等领域，并且衍生出许多变通方式。

二、BOT 投资方式的特征

BOT 投资方式的参加主体是政府部门与国际私人财团，一般通过国际招标的方式来选择项目的承办方，需要处理好项目投资者、项目建设公司、政府部门等多方之间的关系，做好土地、交通、能源通讯、人力资源等方面工作，BOT 投资方式的经营管理是由项目方在政府许可范围内，由建设方依照自己的经营管理模式来运营，一般通过项目收取电费、通行费等来偿还债务和回收投资，BOT 项目终结时不需要进行清算，项目由东道国政府收回。

三、BOT 方式实施现状和衍生形式

BOT 方式实质上是政府通过将公益事业私有化来解决用于不断增长的耗资巨大的公共基础设施方面的资金不足问题，一方面公益事业得到了发展，另一方面解决了财政问题。BOT 项目所需的资金大部分需要通过与政府签约的项目公司从商业金融渠道获得，贷款方无权或只能有限度地向项目的承办方或政府追索债务，且索赔一般仅限于项目财产。由于 BOT 项目具有耗资巨大、涉及面广、过程漫长的高风险特性，因而最终成功的这些 BOT 项目并没有衍生出一种可以广为运用的统一形式。

BOT 在实践中具有多种衍生形式，包括：BOOT（建设—拥有—运营—移交），BOO（建设—拥有—运营），BTO（建设—移交—运营），BROT（建设—租借—运营—移交），ROT（改建—运营—移交）等。这些衍生形式体现了私人参与公共基础设施建设的不同方式，但仍然突出了“利用非公共机构实现公共职能”的特性。中国成功的 BOT 项目有哈尔滨太平污水处理厂、延吉生活垃圾焚烧发电厂，等等。目前，中国许多地方在尝试采取 BOT 方式来发展基础设施建设。

四、BOT 投资方式的立法概况

中国尚未有关于 BOT 投资方式的专门立法，具体管理制度也尚需不断发展完善。各地从事 BOT 项目时以有关的外商投资企业的法律作为参考依

据，遵守原对外贸易经济合作部《关于以BOT方式吸收外商投资有关问题的通知》的规定。该通知规定BOT方式在一些方面有其特殊性，但仍要纳入中国现行的有关外商投资企业法律和审批体制；政府机构一般不应对项目做任何形式的担保或承诺（如外汇兑换担保、贷款担保等）。如项目确需担保，必须事先征得国家有关主管部门的同意，方可对外作出承诺。外商可以以合作、合资或独资的方式建立BOT项目公司，形式灵活。

BOT项目公司法律特点不明显，它的经济性体现在政府在BOT项目公司创建、经营过程中的各种承诺和担保，如原料供应、服务收费标准、外汇兑付、土地使用、辅助贷款和政策连续性等方面。

五、BOT项目的实施步骤

BOT项目包括项目立项与开发阶段、项目实施筹备阶段、项目建设实施阶段、项目运营维护阶段、项目移交过渡阶段。立项与开发阶段主要是由发起人发起项目，准备项目建议书和项目可行性报告等文件提请有关政府部门批准，然后进行招投标确定投资者和资金来源；项目实施筹备阶段主要是组建项目公司直到项目开工，主要目的是完成项目公司组建、正式签订各项合同、办理建设手续等；然后是项目具体实施和后期运营维护阶段，最后在项目特许期届满并完成移交工作给有关政府。

六、BOT项目涉及的法律主体和法律关系

BOT项目涉及东道国政府、BOT项目发起人、项目公司、项目贷款人、承建人、经营管理人等多个法律主体，各个主体之间的法律关系错综复杂，各有不同但又紧密联系。

（一）东道国政府与项目发起人之间的法律关系

BOT项目的实施首先由东道国政府部门、地方政府或者其授权的经济实体与外国投资者组成的项目公司签订特许权协议，从而形成政府和项目公司之间的法律关系。特许权协议的内容以项目公司的设立以及相应的权利义务的确立为核心。这种法律关系不仅包括一般经济合同意义上的权利义务关系，而且包括政府为“维护公共利益”的必要管理监督的权利。因此，BOT项目形成了政府和项目发起人之间的一种特殊合同关系。

（二）项目发起人和项目公司之间的法律关系

BOT项目公司是外国投资者建立的一个具有特殊目的的载体，它将负

责项目的出资、财务、建设、经营和维修等，一般来说，合同的各方应包括贷款银行、供应商、建设方、经营和维修公司。项目发起人和项目公司之间的关系，也就是发起人股东和公司的关系，适用公司法律法规及其他有关企业形式的法律规定。比如，设立于中国的项目公司属于外商投资企业范畴，则调整项目发起人与项目公司之间关系的法律法规包括外商投资法律法规。

（三）政府和项目公司之间的法律关系

项目公司是项目发起人基于特许权协议，在中国境内按照法律的规定设立的经济实体，项目公司属于中国法人，受中国法律的保护和管辖。因此，政府与项目公司的法律关系是基于行政许可而形成的管理与被管理的行政管理关系。项目公司和项目发起人为一体时，“政府与项目公司的法律关系”与“政府与项目发起人之间的法律关系”发生混同，项目公司与政府之间的法律关系呈现出双重特性。

（四）项目公司与项目贷款人、承建人、经营管理人等之间的关系

项目公司在实施项目过程中，筹集资金，需要和项目贷款人签订借款合同。尽管贷款人在该项目的其他建设和运营有关协议中并不作为协议的一方当事人，但贷款人的经济利益是贯穿整个项目始终的。另外，项目公司在实施项目过程中，为了建设工程、获得原材料、委托经营管理公司经营管理，需要同相关的公司签订与项目有关的经济合同，以建立与这些公司的经济法律关系。

七、BOT 项目的招投标程序

BOT 制度下的下一个步骤是招标程序。地方政府将准备详细的招标文件，邀请各国投资者在公开的招标程序中参加投标。招标文件包含了标准项目协议书，例如特许权协议、建设完工合同和供应协议等。

对投标程序也有较详细的规定，如列举需要准备的投标文件和项目可行性研究报告应该包含的条款，同时也规定了一种国际性的竞争投标程序。对于其他的投标，如不符合投标邀请书的投标，评议委员会将不予考虑。

特许权项目的境外投资者应通过公开招标的方式来选择。一般通过以下程序：

（1）在项目的预可行性研究报告获得批准后，地方政府负责编制资格预审文件及招标文件，报国家计委组织国家行业主管部门、地方政府部门以及技术、经济、法律顾问等组成的评标委员会审查核准。

（2）在发售特许权项目招标文件前，对有意向参加投标的境外投资者进行业绩、履约能力、财务资信状况等方面的资格预审。

（3）发布招标通告，投标者递交标书，政府部门在规定的时间、地点对投标书进行公开开标。

（4）评标委员会对投标书进行评审，从中选定中标的境外投资者。

（5）中标者依据中国有关法律规定的程序，办理公司章程的批报手续和工商注册登记手续，成立项目公司。

（6）特许权协议草案经国家计委批准后（必要时，由国家计委报国务院批准），政府部门与项目公司正式签署。特许权协议自签字之日起生效。

【风险提示】

BOT 项目具有耗资巨大、涉及面广、过程漫长，存在市场风险、技术风险等商业风险，也存在着发生纠纷的法律风险、项目贬值的金融风险、环境保护风险等非商业风险，对于政治风险可采取政府在特许权协议中提供相应保证的方式。

第十章

外国投资者并购境内企业

第一节　外商投资并购境内企业概述

【规则要点】

公司并购是公司合并、资产收购和股权收购等行为的总称，按照不同标准有不同分类方式。

直接详细规定外商投资并购境内企业的法律较少，行政法规和部门规章居多，法律效力层级较低。

【理解与适用】

一、公司并购的基本类型

外国投资者进行国际直接的投资的方式主要有两种，一种是绿地投资，即新建投资，在东道国设立合资企业或独资企业；另一种是跨国并购。采取何种方式取决于投资者的经济实力、东道国的投资环境等。进行跨国并购可以实现跨国公司全球战略目标，在全球范围内配置资源，实现资源整合，达到集中资本、扩大经济规模、竞争能力增强、经营效益提高等效果。

公司并购是公司合并、资产收购和股权收购等行为的总称。一般而言，公司并购，是指具有独立法人资格的公司之间的合并与收购。公司合并，是指两个或两个以上的公司订立合并协议，按照公司法的规定，不经过清算程序直接合并成一个公司的行为，分为吸收合并和新设合并。吸收合并，是指一个公司吸收另一个公司，被吸收的公司解散。新设合并，是指两个以上的公司合并设立为一个新的公司，合并各方解散。收购，是指一方取得另一方的控制权，其中取得控制权或管理权的企业称为收购方、收购公司或进攻性公司，对方公司称为目标公司、对象公司或被收购公司。其基本类型可作如下划分：

1. 根据并购双方所经营业务的内容划分

主要分为横向并购、纵向并购与混合并购。

横向并购，是指具有竞争关系的、经营领域相同或生产产品相同的同一行业企业之间的并购；纵向并购，是指企业为了将其业务向上游或下游产业扩展，对上游产业或下游产业企业进行的并购；混合并购，是指在生产过程上并不直接关联、产品也不完全相同的企业间的并购行为。混合并购不会受到反垄断法规定的限制，其主要目的在于通过兼并收购实现多元化发展战略，以降低单一行业经营所带来的风险，提高企业整体的盈利能力。

2. 根据并购意图划分

主要分为善意并购和恶意并购。

善意并购又称友好并购，是指收购方在事先得到目标公司管理层的同意后和缓地完成并购行为的收购方式，可以得到目标公司的支持和配合，从而降低并购成本和风险；恶意并购又称敌意并购，是指并购方在目标公司管理层对收购意图不知道或持反对态度的情况下，对目标公司强行并购的行为。

3. 根据并购的对象划分

主要分为股权并购和资产并购。

股权并购，是指一家企业通过对目标企业股权的收购实现对该企业的控制。股权并购的程序相对简单，但可能会受制于目标公司的其他股东。比如，公司法规定，有限责任公司股东向股东以外的人转让股权，应当经其他股东过半数同意，并且其他股东有优先购买权。另外，被收购企业的原有债权债务也会影响到股权并购的价格。资产并购，是指一家企业对另一家企业的收购标的仅仅是该企业的某一部分核心资产，但目标企业的债权债务不随资产而转移，仍由出售资产的企业继续承担。因此，作为收购方应重点关注收购的资产本身的权利瑕疵情况。

根据商务部《关于外国投资者并购境内企业的规定》，外国投资者并购境内企业，主要有股权并购和资产并购两种方式。股权并购，是指外国投资者购买境内非外商投资企业（以下简称境内公司）股东的股权或认购境内公司增资，使该境内公司变更设立为外商投资企业；资产并购，是指外国投资者设立外商投资企业，并通过该企业协议购买境内企业资产并运营该资产，或外国投资者协议购买境内企业资产，并以该资产投资设立外商投资企业运营该资产。

二、外商并购境内企业的现状和趋势

从中国吸收外资的框架来看，大部分通过绿地投资的方式进入中国，以并购方式的投资只有很小一部分，但是在全球范围内超过70%是以并购方式实现的投资。中国吸收外资和全球吸收外资的模式结构还是有很大的不同，因此从中国吸收外资的发展趋势来看，并购将会成为今后的趋势，中国市场通过并购方式吸收外资会越来越多。

中国公司并购的规模日益扩大，并购范围国际化，并购方式多样化，并购手段证券化，并购行为市场化，特别是在涉及国有企业的时候，政府更是会积极主动参与。外资并购在中国的发展经历了从无到有的过程，并购规模逐渐增大，现在的外资并购以股权并购为主，从制造业逐渐向房地产业、商业领域等各行业扩展，外资并购在中国市场上拥有较大的发展空间。

三、中国关于外资并购的立法概况

外商投资法第33条规定，外国投资者并购中国境内企业或者以其他方式参与经营者集中的应当按照反垄断法的规定接受经营者集中审查。其他涉及外资并购境内企业的主要法律法规有公司法及其实施条例（细则）、证券法等等。规范外资并购的法规数量较多，但法律效力层次偏低，以部门规章与其他规范性文件居多。主要有《外商投资信息报告办法》《关于外国投资者并购境内企业的规定》《关于外商投资企业境内投资的暂行规定（2015 年修正）》《关于外商投资企业合并与分立的规定（2015 年修正）》等等。外国投资者并购境内企业涉及企业国有产权转让和上市公司国有股权管理事宜的，应当遵守国有资产管理的相关规定。如果被并购企业为境内上市公司，还应根据《外国投资者对上市公司战略投资管理办法（2015 年修正）》，向国务院证券监督管理机构办理相关手续。外国投资者并购境内企业所涉及的各方当事人还要符合关于税务和外汇登记的有关规定。在并购的过程中，外国投资者要清楚法律在并购的各个环节或者各个政府部门对外资并购的规制，才能够事半功倍。

第二节　外国投资者并购境内企业登记与基本制度

【规则要点】

由于并购、吸收合并等方式，非外商投资企业转变为外商投资企业，不涉及国家规定的《外商投资准入特别管理措施（负面清单）（2020 年版）》的外商投资企业，属于备案管理范围的，适用备案管理的有关规定。

外国投资者在并购后所设外商投资企业注册资本中的出资比例高于 25% 的，该企业享受外商投资企业待遇。外商投资股权并购受到投资总额的限制。

【理解与适用】

一、外国投资者并购境内企业的审批核准与备案管理

（一）审批登记

外国投资者并购境内企业设立外商投资企业，应依照《关于外国投资者并购境内企业的规定》经审批机关批准，向登记管理机关办理变更登记或设立登记。如果被并购企业为境内上市公司，还应根据《外国投资者对上市公司战略投资管理办法（2015 年修正）》，向国务院证券监督管理机构办理相关手续。

审批机关为中华人民共和国商务部或省级商务主管部门，并购的登记

管理机关为中华人民共和国国家市场监督管理总局和地方各级市场监督管理部门①，外汇管理机关为中华人民共和国国家外汇管理局或其分支机构。并购后所设外商投资企业，根据法律、行政法规和规章的规定，属于应由商务部审批的特定类型或行业的外商投资企业的，省级审批机关应将申请文件转报商务部审批，商务部依法决定批准或不批准。

（二）审批程序

外国投资者股权并购或资产并购的，投资者应根据并购后所设外商投资企业的投资总额、企业类型及所从事的行业，依照设立外商投资企业的法律、行政法规和规章的规定，向具有相应审批权限的审批机关报送相关文件，除另有规定外，审批机关应自收到规定报送的全部文件之日起30日内，依法决定批准或不批准。决定批准的，由审批机关颁发批准证书。

外国投资者资产并购的，投资者应自收到批准证书之日起30日内，向登记管理机关申请办理设立登记，领取外商投资企业营业执照。外国投资者股权并购的，被并购境内公司应依照规定向原登记管理机关申请变更登记，领取外商投资企业营业执照。投资者自收到外商投资企业营业执照之日起30日内，到税务、海关、土地管理和外汇管理等有关部门办理登记手续。

（三）备案管理

根据《外商投资信息报告办法》的有关规定执行。

二、外国投资者并购境内企业的基本制度

（一）外国投资者并购境内企业的条件

外国投资者并购境内企业，应符合中国法律、行政法规和规则对投资者资格的要求以及产业、土地、环保等政策。依照《外商投资产业指导目录》不允许外国投资者独资经营的企业，并购不得导致外国投资者持有企业的全部股权；须有中方控股或相对控股的产业，该产业的企业被并购后，仍应由中方在企业中占控股或相对控股地位；禁止外国投资者经营的

① 根据2019年3月2日《国务院关于修改部分行政法规的决定》，中外合资经营企业、中外合作经营企业、外资企业由国家市场监督管理总局或者国家市场监督管理总局授权的地方市场监督管理部门核准登记注册。

产业，外国投资者不得并购从事该产业的企业。被并购境内企业原有所投资的经营范围应符合有关外商投资产业政策的要求；不符合要求的，应进行调整。同样，不允许外商独资经营的产业，股权变更不得导致外国投资者持有企业的全部股权；因股权变更而使企业变成外资企业的，还必须符合其他有关所规定的设立外资企业的条件。

外国投资者并购境内企业取得实际控制权，涉及重点行业、存在影响或可能影响国家经济安全因素或导致拥有驰名商标或中华老字号的境内企业实际控制权转移的，当事人应当就此向商务部进行申报。当事人没有申报，但其并购行为对国家经济安全造成或可能造成重大影响的，商务部可以会同有关部门要求当事人终止交易或转让相关股权、资产或其他有效措施，以消除并购行为对国家经济安全的影响。

（二）外资并购后所设外商投资企业待遇问题

外国投资者在并购后所设外商投资企业注册资本中的出资比例高于25%的，该企业享受外商投资企业待遇。如果外国投资者在并购后所设外商投资企业注册资本中的出资比例低于25%的，除法律和行政法规另有规定外，该企业不享受外商投资企业待遇。对于这些企业，审批机关向其颁发加注“外资比例低于25%”字样的外商投资企业批准证书。登记管理机关、外汇管理机关分别向其颁发加注“外资比例低于25%”字样的外商投资企业营业执照和外汇登记证。因此，是否享有外商投资企业待遇问题，关键在于外资在所设企业的出资比例是否超过25%。

（三）外商并购投资总额的限制

外国投资者股权并购的，除国家另有规定外，对并购后所设外商投资企业应按照以下比例确定投资总额的上限：

（1）注册资本在210万美元以下的，投资总额不得超过注册资本的10/7；

（2）注册资本在210万美元以上至500万美元的，投资总额不得超过注册资本的2倍；

（3）注册资本在500万美元以上至1200万美元的，投资总额不得超过注册资本的2.5倍；

（4）注册资本在1200万美元以上的，投资总额不得超过注册资本的3倍。

外国投资者资产并购的，应根据购买资产的交易价格和实际生产经营规模确定拟设立的外商投资企业的投资总额。

（四）外资并购债权债务的承担问题

外国投资者并购境内企业债权债务承担有法定、约定两种方式。法定承受，是指外国投资者进行股权并购的，并购后所设外商投资企业承继被并购的境内企业的债权和债务。外国投资者资产并购的，出售的境内企业承担起原有的债权和债务。约定承受，是指外国投资者、被并购境内企业、债权人以及其他当事人可以对被并购企业的债权债务另行达成协议，但是该协议不得损害第三人利益和社会公共利益。债权债务的处置协议应当报送审批机关。出售资产的境内企业应当在投资者向审批机关报送申请文件之前至少 15 日，向债权人发出通知书，并在全国发行的省级以上的报纸上发布公告。

（五）资产评估问题

并购当事人应以资产评估机构对拟转让的股权价值或拟出售资产的评价结果作为确定交易价格的依据。并购当事人可以约定在中国境内依法设立的资产评估机构。为了公平起见，资产评估应当采用国际上通行的评估方法。禁止以明显低于评估结果的价格转让股权或出售资产，变相向境外转移资本。外国投资者并购境内企业导致以国有资产投资形成的股权变更或国有资产产权转移时，应当符合国有资产管理的有关规定。

并购当事人应对并购各方是否存在关联关系进行说明。如果有两方属于同一个实际控制人，则当事人应向审批机关披露其实际控制人，同时就并购目的和评估结果是否符合市场公允价值进行解释。当事人不得以信托、代持或其他方式规避上述要求。

（六）出资问题

外国投资者并购境内企业设立外商投资企业，应在自外商投资企业营业执照颁发之日起 3 个月内向转让股权的股东，或出售资产的境内企业支付全部对价。对特殊情况需要延长者，经审批机关批准后，应自外商投资企业营业执照颁发之日起 6 个月内支付全部对价的 60% 以上，1 年内付清全部对价，并按实际缴付的出资比例分配收益。

外国投资者认购境内公司增资，有限责任公司和以发起方式设立的境内股份有限公司的股东应当在公司申请外商投资企业营业执照时缴付不低于20%的新增注册资本，其余部分的出资时间应符合公司法、有关外商投资的法律和《中华人民共和国公司登记管理条例》的规定。其他法律和行政法规另有规定的，从其规定。股份有限公司为增加注册资本发行新股时，股东认购新股，依照设立股份有限公司缴纳股款的有关规定执行。

外国投资者资产并购的，投资者应在拟设立的外商投资企业合同、章程中规定出资期限。设立外商投资企业，并通过该企业协议购买境内企业资产且运营该资产的，对与资产对价等额部分的出资，投资者应在规定的对价支付期限内缴付；其余部分的出资应符合设立外商投资企业出资的相关规定。

外国投资者并购境内企业设立外商投资企业，如果外国投资者出资比例低于企业注册资本25%，投资者以现金出资的，应自外商投资企业营业执照颁发之日起3个月内缴清；投资者以实物、工业产权等出资的，应自外商投资企业营业执照颁发之日起6个月内缴清。

【风险提示】

1. 外商并购必须符合中国法律、行政法规对投资者资格和产业政策的要求，比如对于某些限制外国控股的项目，外国投资者在并购的过程中要注意拥有股权比例的限制，以免导致因违反法律、法规的强制性规定导致合同无效。

2. 禁止以明显低于评估结果的价格转让股权或出售资产，变相向境外转移资本。

【相关案例】

2009年7月28日，亚兴公司和安博公司签订《合作框架协议》，约定将亚兴公司举办两所学校的权益转让给安博公司。安博公司以现金方式支付部分价款，另外，按兑换等值待上市的股票并支付到亚兴指定的海外公司。此后，双方分别完成了付款及学校交接义务。亚兴公司按照《合作框架协议》取得的待上市股票系为在美国纽交所上市的安博教育控股公司的普通股票即ADR。后因亚兴公司持有的ADR股未能转换为ADS股，且安博教育控股公司的股票被纽交所暂停交易，股价大幅下跌，双方形成纠纷。①

本案经过一审、二审，最高人民法院认为争议焦点是《合作框架协议》的效力问题。安博公司虽以合同方式将其相关股东权利委托给安博在线公司行使，但安博在线公司并不具备公司法上的股东身份，因此安博公司不为外资企业。《外商投资产业指导目录》《商务部实施外国投资者并购境内企业安全审查制度的规定》不属于合同法第52条规定的法律、行政法规的强制性规定，因此《合作框架协议》有效。同时最高人民法院认为外资通过并购股权参与举办或者实际控制举办者实施义务教育民办学校的行为，可能存在危害教育安全及社会公共利益的问题，但属于教育行政主管部门的职责范围，因此建议教育部在行政审批及行政监管过程中予以规范。

【法条指引】

中华人民共和国外商投资法（节录）

第三十三条 外国投资者并购中国境内企业或者以其他方式参与经营者集中的，应当依照《中华人民共和国反垄断法》的规定接受经营者集中审查。

关于外国投资者并购境内企业的规定（节录）

第二条 本规定所称外国投资者并购境内企业，系指外国投资者购买境内非外商投资企业（以下称“境内公司”）股东的股权或认购境内公司增资，使该境内公司变更设立为外商投资企业（以下称“股权并购”）；或者，外国投资者设立外商投资企业，并通过该企业协议购买境内企业资产且运营该资产，或，外国投资者协议购买境内企业资产，并以该资产投资设立外商投资企业运营该资产（以下称“资产并购”）。

第三条 外国投资者并购境内企业应遵守中国的法律、行政法规和规章，遵循公平合理、等价有偿、诚实信用的原则，不得造成过度集中、排

① 长沙亚兴置业发展有限公司与北京师大安博教育科技有限责任公司合同纠纷案，（2015）民二终字第117号。

除或限制竞争，不得扰乱社会经济秩序和损害社会公共利益，不得导致国有资产流失。

第三节　外国投资者以股权作为支付手段并购公司

【规则要点】

外国投资者以股权并购境内公司所涉及的境内公司的股权应当符合相应条件，境内公司或其股东应当聘请在中国注册登记的中介机构担任顾问。

特殊目的公司，是指中国境内公司或自然人为实现以其实际拥有的境内公司权益在境外上市而直接或间接控制的境外公司。境内公司在境外设立特殊目的公司应当向商务部申请办理核准手续。

【理解与适用】

外国投资者以股权作为支付手段并购公司，是指境外公司的股东以其持有的境外公司股权，或者境外公司以其增发的股份作为支付手段，购买境内公司股东的股权或者境内公司增发股份的行为。这里指的境外公司应当是合法设立，其注册地具有完善的公司法律制度，且公司及其管理层最近3年未受到监管机构的处罚；除特殊目的公司外，境外公司应为上市公司，其上市所在地应具有完善的证券交易制度。

一、并购条件

外国投资者以股权并购境内公司所涉及的境内公司的股权应当符合下列条件：

（1）股东合法持有并依法可以转让；

（2）股权无所有权争议且没有设定质押及任何其他权利限制；

（3）境外公司的股权应在境外公开合法证券交易市场（柜台交易市场除外）挂牌交易；

（4）境外公司的股权最近1年交易价格稳定。

需要注意的是，第（3）和（4）项不适用于特殊目的公司。

外国投资者以股权并购境内公司，境内公司或其股东应当聘请在中国注册登记的中介机构担任顾问。并购顾问应就并购申请文件的真实性、境外公司的财务状况以及并购是否符合规定的要求作尽职调查，并出具并购顾问报告，逐项发表明确的专业意见。

并购顾问应符合以下条件：

（1）信誉良好且有相关从业经验；

（2）无重大违法违规记录；

（3）应有调查并分析境外公司注册地和上市所在地法律制度与境外公司财务状况的能力。

二、申报程序

外国投资者以股权并购境内公司应当报商务部审批。

（1）商务部自收到规定报送的全部文件之日起 30 日内对并购申请进行审核，符合条件的，颁发批准证书，并在批准证书上加注"外国投资者以股权并购境内公司，自营业执照颁发之日起 6 个月内有效"。

（2）境内公司应自收到加注的批准证书之日起 30 日内，向登记管理机关、外汇管理机关办理变更登记，由登记管理机关、外汇管理机关分别向其颁发加注"自颁发之日起 8 个月内有效"字样的外商投资企业营业执照和外汇登记证。

（3）境内公司向登记管理机关办理变更登记时，应当预先提交旨在恢复股权结构的境内公司法定代表人签署的股权变更申请书、公司章程修正案、股权转让协议等文件。

（4）自营业执照颁发之日起 6 个月内，境内公司或其股东应就其持有境外公司股权事项，向商务部、外汇管理机关申请办理境外投资开办企业核准、登记手续。商务部在核准境内公司或其股东持有境外公司的股权后，颁发中国企业境外投资批准证书，并换发无加注的外商投资企业批准证书。境内公司取得无加注的外商投资企业批准证书后，应在 30 日内向登记管理机关、外汇管理机关申请换发无加注的外商投资企业营业执照、外汇登记证。

（5）自营业执照颁发之日起 6 个月内，如果境内外公司没有完成其股权变更手续，则加注的批准证书和中国企业境外投资批准证书自动失效。登记管理机关根据境内公司预先提交的股权变更登记申请文件核准变更登记，使境内公司股权结构恢复到股权并购之前的状态。

（6）境内公司取得无加注的外商投资企业批准证书、外汇登记证之前，不得向股东分配利润或向有关联关系的公司提供担保，不得对外支付转股、减资、清算等资本项目款项。

三、关于特殊目的公司的特别规定

特殊目的公司，是指中国境内公司或自然人为实现以其实际拥有的境内公司权益在境外上市而直接或间接控制的境外公司。境内公司在境外设立特殊目的公司应当向商务部申请办理核准手续。获得企业境外投资证书后，设立人或控制人应当先向所在地外汇管理机关申请办理相应的境外投资外汇登记手续。特殊目的公司境外上市的股票发行价总值，不得低于其所对应的经中国有关资产评估机构评估的被并购境内公司股权的价值。

特殊目的公司以股权并购境内公司的，境内公司应当向商务部申报。商务部初审同意的，出具原则批复函，境内公司凭该复函向国务院证券监督管理机构报送申请上市的文件。国务院证券监督管理机构于20个工作日内决定是否核准。境内公司获得核准后，向商务部申领批准证书。商务部向其颁发加注“境外特殊目的公司持股，自营业执照颁发之日起1年内有效”字样的批准证书。并购导致特殊目的公司股权等事项变更的，持有特殊目的公司股权的境内公司或自然人，凭加注的外商投资企业批准证书，向商务部就特殊目的公司相关事项办理境外投资开办企业变更核准手续，并向所在地外汇管理机关申请办理境外投资外汇登记变更事项。

境内公司应自收到加注的批准证书之日起30日内，向登记管理机关、外汇管理机关办理变更登记，由登记管理机关、外汇管理机关分别向其颁发加注“自颁发之日起14个月内有效”字样的外商投资企业营业执照和外汇登记证。自营业执照颁发之日起1年内，如果境内公司不能取得无加注批准证书，则加注的批准证书自动失效，并应办理相应的变更登记手续。境内公司向登记管理机关办理变更登记时，应当预先提交旨在恢复股权结构的境内公司法定代表人签署的股权变更申请书、公司章程修正案、股权转让协议等文件。

境内公司应自特殊目的公司或与特殊目的公司有关联关系的境外公司完成境外上市之日起30日内，向商务部报告境外上市情况和融资收入调回计划，并申请换发无加注的外商投资企业批准证书。同时，境内公司应自完成境外上市之日起30日内，向国务院证券监督管理机构报告境外上市情况并提供相关的备案文件。境内公司还应向外汇管理机关报送融资收入调回计划，由外汇管理机关监督实施。境内公司取得无加注的批准证书后，应在30日内向登记管理机关、外汇管理机关申请换发无加注的外商投资企业营业执照、外汇登记证。如果境内公司在上述期限内未向商务部报告，境内公司加注的批准证书自动失效，境内公司股权结构恢复到股权并购之前的状态，并应办理相应的变更登记手续。

特殊目的公司的境外上市融资收入，应按照报送外汇管理机关备案的调回计划，根据现行外汇管理规定调回境内使用。

融资收入可采取以下方式调回境内：

（1）向境内公司提供商业贷款；

（2）在境内新设外商投资企业；

（3）并购境内企业。

在上述情形下调回特殊目的公司境外融资收入，应遵守中国有关外商投资及外债管理的法律和行政法规。如果调回特殊目的公司境外融资收入，导致境内公司和自然人增持，特殊目的公司权益或特殊目的公司净资产增加的，当事人应如实披露并报批，在完成审批手续后办理相应的外资外汇登记和境外投资登记变更。

境内公司及自然人从特殊目的公司获得的利润、红利及资本变动所得外汇收入，应自获得之日起6个月内调回境内。利润或红利可以进入经常项目外汇账户或者结汇。资本变动外汇收入经外汇管理机关核准，可以开立资本项目专用账户保留，也可经外汇管理机关核准后结汇。

第四节 反垄断审查

【规则要点】

外国投资者并购境内企业达到《国务院关于经营者集中申报标准的规

定》中申报标准的，经营者应当事先向国务院反垄断执法机构申报，未申报的不得实施集中。

【理解与适用】

根据外商投资法、反垄断法、《国务院关于经营者集中申报标准的规定》以及《关于外国投资者并购境内企业的规定》等法律法规的规定，外国投资者并购境内企业达到《国务院关于经营者集中申报标准的规定》规定的申报标准的，应当事先向国务院反垄断执法机构[①]申报，未申报不得实施交易。具体事务由国务院反垄断执法机构行使，其不仅对外资并购境内企业拥有反垄断审查权，对境外公司在境外的并购交易也拥有反垄断审查权，对反垄断审查需要遵循以下规定。

一、经营者集中和申报

经营者集中，是指下列情形：

（1）经营者合并；

（2）经营者通过取得股权或者资产的方式取得对其他经营者的控制权；

（3）经营者通过合同等方式取得对其他经营者的控制权或者能够对其他经营者施加决定性影响。

经营者集中达到下列国务院所规定申报标准之一的，经营者应当事先向国务院反垄断执法机构申报，未申报的不得实施集中：

（1）参与集中的所有经营者上一会计年度在全球范围内的营业额合计超过100亿元人民币，并且其中至少两个经营者上一会计年度在中国境内的营业额均超过4亿元人民币；

（2）参与集中的所有经营者上一会计年度在中国境内的营业额合计超过20亿元人民币，并且其中至少两个经营者上一会计年度在中国境内的营业额均超过4亿元人民币。

营业额的计算，应当考虑银行、保险、证券、期货等特殊行业、领域

---

① 因为2018年国务院机构改革，商务部反垄断局调整为国家市场监督管理总局反垄断局监管。

的实际情况，具体办法由国务院反垄断执法机构会同国务院有关部门制定。

经营者集中未达到国务院规定的申报标准，但按照规定程序收集的事实和证据表明该经营者集中具有或者可能具有排除、限制竞争效果的，国务院反垄断执法机构应当依法进行调查。

经营者集中有下列情形之一的，可以不向国务院反垄断执法机构申报：

（1）参与集中的一个经营者拥有其他每个经营者50%以上有表决权的股份或者资产的；

（2）参与集中的每个经营者50%以上有表决权的股份或者资产被同一个未参与集中的经营者拥有的。

二、经营者申报集中应提交的文件、资料

根据2018年9月29日修订的《国家市场监督管理总局反垄断局关于经营者集中申报文件资料的指导意见》《国家市场监督管理总局反垄断局关于经营者集中申报的指导意见》的规定，经营者向国务院反垄断执法机构申报集中，应当提交下列文件、资料：

1. 申报书

申报书应当载明参与集中的经营者的名称、住所、经营范围、预定实施集中的日期。申报人身份证明或注册登记证明，境外申报人须提交当地有关机构出具的公证和认证文件。委托代理人申报的，应当提交经申报人签字的授权委托书。

2. 集中对相关市场竞争状况影响的说明

集中对相关市场竞争状况影响的说明应包括：集中交易概况；集中的动机、目的和经济合理性分析；相关市场界定；参与集中的经营者在相关市场的市场份额及其对市场的控制力；主要竞争者及其市场份额；市场集中度；市场进入；行业发展现状；集中对市场竞争结构、行业发展、技术进步、国民经济发展、消费者以及其他经营者的影响等。

3. 集中协议

集中协议的内容主要包括：各种形式的集中协议文件，如协议书、合同以及相应的补充文件等。

4. 参与集中的经营者经会计师事务所审计的上一会计年度财务会计报告。

5. 反垄断局要求提交的其他文件资料

经营者提交的文件、资料不完备的，应当在国务院反垄断执法机构规定的期限内补交文件、资料。经营者逾期未补交文件、资料的，视为未申报。经营者应及时提供完备的资料以供审查，以免造成不利后果。具体的申报材料和程序可以参考《外国投资者并购境内企业反垄断申报指南》。

三、审查程序

（一）初步审查

国务院反垄断执法机构应当自收到经营者提交的审查文件、资料之日起30日内，对申报的经营者集中进行初步审查，作出是否实施进一步审查的决定，并书面通知经营者。国务院反垄断执法机构作出决定前，经营者不得实施集中。

（二）进一步审查

国务院反垄断执法机构作出不实施进一步审查的决定或者逾期未作出决定的，经营者可以实施集中。但是国务院反垄断执法机构决定实施进一步审查的，应当自决定之日起90日内审查完毕，作出是否禁止经营者集中的决定，并书面通知经营者。作出禁止经营者集中的决定，应当说明理由。进一步审查期间，经营者不得实施集中。

有下列情形之一的，国务院反垄断执法机构经书面通知经营者，可以延长已规定的审查期限，但最长不得超过60日：

（1）经营者同意延长审查期限的；

（2）经营者提交的文件、资料不准确，需要进一步核实的；

（3）经营者申报后有关情况发生重大变化的。

在最长180天的审查期限里，国务院反垄断执法机构仍然未作出决定，经营者可以其逾期未作出决定为由，实施集中。

四、审查内容

审查经营者集中，应当考虑下列因素：

(1) 参与集中的经营者在相关市场的市场份额及其对市场的控制力；

(2) 相关市场的市场集中度；

(3) 经营者集中对市场进入、技术进步的影响；

(4) 经营者集中对消费者和其他有关经营者的影响；

(5) 经营者集中对国民经济发展的影响；

(6) 国务院反垄断执法机构认为应当考虑的影响市场竞争的其他因素。

五、审查结果和处理方式

经营者集中具有或者可能具有排除、限制竞争效果的，国务院反垄断执法机构应当作出禁止经营者集中的决定。但是，经营者能够证明该集中对竞争产生的有利影响明显大于不利影响，或者符合社会公共利益的，国务院反垄断执法机构可以作出对经营者集中不予禁止的决定。

对不予禁止的经营者集中，国务院反垄断执法机构可以决定附加减少集中对竞争产生不利影响的限制性条件。根据商务部《关于经营者集中附加限制性条件的规定（试行）》的规定，其限制性条件包括如下种类：

(1) 剥离有形资产、知识产权等无形资产或相关权益等结构性条件；

(2) 开放网络或平台等基础设施、许可关键技术（包括专利、专有技术或其他知识产权）、终止排他性协议等行为性条件；

(3) 结构性条件和行为性条件相结合的综合性条件。

国务院反垄断执法机构应当将禁止经营者集中的决定或者对经营者集中附加限制性条件的决定，及时向社会公布。

对外资并购境内企业或者以其他方式参与经营者集中，涉及国家安全的，除进行经营者集中审查外，还应当按照国家有关规定进行国家安全审查，有关外资并购安全审查的规定参见第三章第三节安全审查制度。

【风险提示】

对于反垄断审查涉及经营者集中要及时申报，否则，可能会面临高额罚款。

【法条指引】

中华人民共和国外商投资法（节录）

第三十三条 外国投资者并购中国境内企业或者以其他方式参与经营者集中的，应当依照《中华人民共和国反垄断法》的规定接受经营者集中审查。

国务院关于经营者集中申报标准的规定（节录）

第二条 经营者集中是指下列情形：

（一）经营者合并；

（二）经营者通过取得股权或者资产的方式取得对其他经营者的控制权；

（三）经营者通过合同等方式取得对其他经营者的控制权或者能够对其他经营者施加决定性影响。

第三条 经营者集中达到下列标准之一的，经营者应当事先向国务院反垄断执法机构申报，未申报的不得实施集中：

（一）参与集中的所有经营者上一会计年度在全球范围内的营业额合计超过100亿元人民币，并且其中至少两个经营者上一会计年度在中国境内的营业额均超过4亿元人民币；

（二）参与集中的所有经营者上一会计年度在中国境内的营业额合计超过20亿元人民币，并且其中至少两个经营者上一会计年度在中国境内的营业额均超过4亿元人民币。

营业额的计算，应当考虑银行、保险、证券、期货等特殊行业、领域的实际情况，具体办法由国务院反垄断执法机构会同国务院有关部门制定。

第四条 经营者集中未达到本规定第三条规定的申报标准，但按照规定程序收集的事实和证据表明该经营者集中具有或者可能具有排除、限制竞争效果的，国务院反垄断执法机构应当依法进行调查。

第五节　涉及国有资产的外资并购

【规则要点】

以国有资产投资的中方投资者股权变更时，须经有关国有资产评估机构对需变更的股权进行价值评估，并经国有资产管理部门确认。经确认的评估结果应作为变更股权的作价依据。

【理解与适用】

一、涉及国有资产的外资并购概况

从20世纪末开始，外资开始进入中国资本市场并对以国有企业为主的国内企业实行并购。与国有资产有关的外资并购，涉及国有资产的取得、认定、使用、收益、监管等多个方面的法律制度，如外方收购中外合资企业中的中方国有公司股东的股权。为了防止国有资产的流失和加强监督管理，促进国有企业的公司制改革，对于涉及国有资产转让交易部分，全国人民代表大会常务委员会和国务院颁布了许多法律法规，比如，《中华人民共和国企业国有资产法》《企业国有资产评估管理暂行办法》《企业国有资产监督管理暂行条例》《企业国有产权交易操作规则》等等。因此，外资并购涉及国有资产的时候必须了解国有资产转让和评估的特别规定，熟悉国有资产产权交易和评估的环节。

中国国有资产的监督管理部门是国务院国有资产监督管理委员会、各省级人民政府及设区的市级人民政府设立的国有资产监督管理机构。

二、国有资产转让的程序

以国有资产投资的中方投资者股权变更时，须经有关国有资产评估机构对需变更的股权进行价值评估，并经国有资产管理部门确认。经确认的评估结果应作为变更股权的作价依据。

国有资产转让中最为重要的两大程序分别是国有资产的评估程序和国

有资产的交易程序。

（一）国有资产评估

国有资产需要评估的情形包括以下几种：

（1）整体或者部分改建为有限责任公司或者股份有限公司；

（2）以非货币资产对外投资；

（3）企业合并、分立、破产、解散；

（4）非上市公司国有股东股权比例变动、产权转让；

（5）资产转让、置换；

（6）整体资产或者部分资产租赁给非国有单位；

（7）以非货币资产偿还债务；

（8）资产涉及诉讼纠纷；

（9）收购非国有单位的资产；

（10）接受非国有单位以非货币资产出资和抵债；

（11）法律、行政法规规定的其他需要进行资产评估的事项。

外资并购涉及国有产权时，应当以经核准或备案的资产评估结果为作价参考依据。当交易价格低于评估结果的90%时，应当暂停交易，在获得原经济行为批准机构同意后方可继续交易。

（二）国有资产的交易程序

第一，企业国有产权转让应当做好可行性研究，按照内部决策程序进行审议，并形成书面决议。

第二，转让方应当组织转让标的企业按照有关规定开展清产核资，根据清产核资结果编制资产负债表和资产移交清册，并委托会计师事务所实施全面审计。

第三，在清产核资和审计的基础上，转让方应当委托具有相关资质的资产评估机构依照国家有关规定进行资产评估并对评估报告进行核准或者备案。

第四，企业国有产权转让应当在依法设立的产权交易机构中公开进行，不受地区、行业、出资或者隶属关系的限制。

第五，企业国有产权转让可以采取拍卖、招投标、协议转让以及国家法律、行政法规规定的其他方式进行。

公开交易的一般程序有以下几个步骤：

第一，国有资产的转让方到产权交易所进行委托，并在产权交易所公示公开交易相关情况，征集意向受让方。

第二，确定符合条件的受让方。如果只有一名受让方，可采用协议方式转让；若存在数名受让方，可采用拍卖或招标方式转让。

第三，受让方支付转让价款，并领取产权交易所出具的公开交易证明，在经过转让标的企业的审批机关的批准后，产权交易所发布正式的产权转让交易凭证。

第四，到工商行政管理局办理变更登记手续。

【风险提示】

外国投资者并购境内企业导致以国有资产投资形成的股权变更或国有资产产权转移时，应当符合国有资产管理的有关规定。

第六节　外商投资企业的合并与分立

【规则要点】

公司合并或分立，应符合《指导外商投资方向规定》和《外商投资产业指导目录》的规定，不得导致外国投资者在不允许外商独资、控股或占主导地位的产业的公司中独资、控股或占主导地位。

【理解与适用】

外商投资企业（以下简称公司）的合并与分立，是指依照中国法律在中国境内设立的中外合资经营企业、具有法人资格的中外合作经营企业、外资企业、外商投资股份有限公司之间的合并与分立。

公司合并或分立，应符合《指导外商投资方向规定》和《外商投资产业指导目录》的规定，不得导致外国投资者在不允许外商独资、控股或占主导地位的产业的公司中独资、控股或占主导地位。公司因合并或分立而导致其所从事的行业或经营范围发生变更的，应符合有关法律、法规及国家产业政策的规定并办理必要的审批手续。

公司合并或分立，须经公司原审批机关批准并到登记机关办理有关公司设立、变更或注销登记。拟合并公司的原审批机关或登记机关有两个以上的，由合并后公司住所地商务部门和国家市场监督管理总局授权的登记机关作为审批和登记机关。拟合并公司的投资总额之和超过公司原审批机关或合并后公司住所地审批机关审批权限的，由具有相应权限的审批机关审批。拟合并的公司至少有一家为股份有限公司的，由商务部审批。因公司合并或分立而解散原公司或新设异地公司，须征求拟解散或拟设立公司所在地审批机关的意见。

有限责任公司之间合并后为有限责任公司。股份有限公司之间合并后为股份有限公司。上市的股份有限公司与有限责任公司合并后为股份有限公司。非上市的股份有限公司与有限责任公司合并后可以是股份有限公司，也可以是有限责任公司。股份有限公司之间合并或者公司合并后为有限责任公司的，合并后公司的注册资本为原公司注册资本额之和。有限责任公司与股份有限公司合并后为股份有限公司的，合并后公司的注册资本为原有限责任公司净资产额根据拟合并的股份有限公司每股所含净资产额折成的股份额与原股份有限公司股份总额之和。

分立后公司的注册资本额，由分立前公司的最高权力机构依照有关外商投资企业法律、法规和登记机关的有关规定确定，但分立后各公司的注册资本额之和应为分立前公司的注册资本额。各方投资者在分立后的公司中的股权比例，由投资者在分立后的公司合同、章程中确定，但外国投资者的股权比例不得低于分立后公司注册资本的25%。

公司合并，采取吸收合并形式的，接纳方公司的成立日期为合并后公司的成立日期；采取新设合并形式的，登记机关核准设立登记并签发营业执照的日期为合并后公司的成立日期。因公司分立而设立新公司的，登记机关核准设立登记并签发营业执照的日期为分立后公司的成立日期。

公司与中国内资企业合并必须符合中国利用外资的法律、法规规定和产业政策要求并具备以下条件：

（1）拟合并的中国内资企业是依照公司法规范组建的有限责任公司或股份有限公司；

（2）投资者符合法律、法规和部门规章对合并后公司所从事有关产业的投资者资格要求；

（3）外国投资者的股权比例不得低于合并后公司注册资本的25%；

（4）合并协议各方保证拟合并公司的原有职工充分就业或给予合理安置。

【法条指引】

关于外商投资企业合并与分立的规定（节录）

第三条 本规定所称合并，是指两个以上公司依照公司法有关规定，通过订立协议而归并成为一个公司。

公司合并可以采取吸收合并和新设合并两种形式。

吸收合并，是指公司接纳其他公司加入本公司，接纳方继续存在，加入方解散。

新设合并，是指两个以上公司合并设立一个新的公司，合并各方解散。

第四条 本规定所称分立，是指一个公司依照公司法有关规定，通过公司最高权力机构决议分成两个以上的公司。

公司分立可以采取存续分立和解散分立两种形式。

存续分立，是指一个公司分离成两个以上公司，本公司继续存在并设立一个以上新的公司。

解散分立，是指一个公司分解为两个以上公司，本公司解散并设立两个以上新的公司。

第五条 公司合并或分立，应当遵守中国的法律、法规和本规定，遵循自愿、平等和公平竞争的原则，不得损害社会公共利益和债权人的合法权益。

公司合并或分立，应符合《指导外商投资方向暂行规定》和《外商投资产业指导目录》的规定，不得导致外国投资者在不允许外商独资、控股或占主导地位的产业的公司中独资控股或占主导地位。

公司因合并或分立而导致其所从事的行业或经营范围发生变更的，应符合有关法律、法规及国家产业政策的规定并办理必要的审批手续。

第十一章

外商投资企业的解散与清算

第一节　外商投资企业解散与清算的一般规定

【规则要点】

原则上外商投资企业的解散与清算，适用公司法中有关公司解散与清算的一般性规定，外商投资法和行政法规有特别规定的而公司法未作详细规定的，适用特别规定。

公司被依法宣告破产的，依照有关企业破产的法律实施破产清算。

【理解与适用】

为了保障外商投资企业顺利撤资退出，保护外商投资企业债权人和投资者的利益，原则上外商投资企业的解散与清算，适用公司法中有关公司解散与清算的一般性规定，外商投资法律和行政法规有特别规定的而公司法未作详细规定的，适用特别规定。调整外商投资企业解散和清算的相关法律规定还包括外商投资法、企业破产法、《国家工商行政管理总局、商务部关于外商投资企业解散注销登记管理有关问题的通知》、《国家工商行政管理总局关于做好外商投资企业实行备案管理后有关登记注册工作的通知》、《外商投资信息报告办法》等等。

一、公司解散

（一）公司解散的概念

公司解散，是指已经成立的公司因公司章程、公司权力机构的决议或者法定事由出现而停止经营活动，开始进行清算（因合并、分立解散的除外），开始处理未了结事务，最终使公司法人资格消灭的行为。公司解散具有以下特征：

1. 公司解散是针对已经依法成立的公司而言；
2. 公司解散是使公司法人资格消灭的程序；
3. 在解散以后到注销登记之前，公司法人资格依然存续；
4. 公司的权利能力和行为能力因此大大缩减；
5. 除合并、分立而解散公司外，必须依法进行清算；
6. 公司解散的各项程序必须依法进行。

（二）公司解散的原因和类型

1. 公司解散的原因

根据公司法的规定，公司因下列原因而解散：

（1）公司章程规定的营业期限届满或章程规定的其他解散事由出现；

（2）股东会或者股东大会决议解散；

（3）因公司合并或者分立需要解散；

（4）依法被吊销营业执照、责令关闭或者被其撤销；

（5）出现法定的事由司法强制解散。

2. 公司解散的基本类型

根据公司是否自愿解散，可以将公司解散分为任意解散和强制解散。任意解散是由公司股东选择是否解散公司，具有较大自主性；强制解散是因为政府机关的决定或法院判决的执行，具有强制性。

（1）任意解散

任意解散包括以下几种类型：

第一，因营业期限届满或其他解散事由出现而解散。

经营期限是公司章程任意规定的事由，但表决权超过 2/3 的股东通过决议可以决定延长经营期限，未形成延长经营期限决议的，公司即进入解散程序。

第二，股东会、股东大会决议解散。

股东会或股东大会是公司的权力机构，其对公司合并、分立、解散、清算等具有决定权，经2/3以上表决权通过即可作出解散公司的决议。

（2）强制解散

根据政府主管机关的决定、命令或法院判决而解散，前者是行政解散，后者是司法解散。

第一，行政解散。

依法被吊销营业执照、责令关闭或者被撤销，都可以导致公司被解散。以虚假事实和材料等取得公司登记，在公司经营存续过程中从事违法活动，危害国家安全、社会公共利益等行为，登记主管机关有权依法命令其解散，吊销营业执照、责令关闭或者将其撤销。

第二，司法解散。

司法解散，是指公司经营管理发生严重困难，继续存续会使股东利益受到重大损失，通过其他途径不能解决的，持有公司全部股东表决权10%以上的股东，可以请求人民法院解散公司。其中公司经营管理发生严重困难的情况有公司僵局、大股东欺压行为等损害公司和股东利益的行为。

二、公司清算

（一）公司清算的概念

公司清算，是指公司解散以后，为了结公司作为当事人的各种法律关系，使公司的法人资格归于消灭而对公司未了结的业务、财产及债权债务关系等进行清理、处分的行为和程序。除因合并或分立而解散的之外，公司应当在解散事由出现之日起15日内开始清算。

公司清算有以下特征：

1. 从时间先后上看，清算是在公司解散以后进行的；

2. 目的是为了了结公司现存的各种法律关系，保护债权人和股东的合法权益，最终消灭公司的法人资格；

3. 清算的内容是对公司的财产、债权债务等进行清理和处分，是清算组织依照法律规定的方式、程序进行的活动。

（二）公司清算的分类

1. 破产清算和非破产清算

非破产清算，是指公司资产足以清偿全部债务的情况下进行的清算，主要依照公司法的程序进行。

破产清算，是指公司不能清偿到期债务被依法宣告破产时，由管理人对公司资产进行清理，将破产财产公平分配给债权人，并最终消灭公司法人资格的程序。破产清算主要依照企业破产法规定的程序并且始终在法院的监督下进行。需要注意的是，非破产清算可以转化为破产清算。

2. 普通清算和特别清算

有限责任公司进行普通清算的，清算组由全体股东组成，也可选任注册会计师、注册律师或其他熟悉清算事务的专业人员作为清算组成员，清算组成员不得少于3人。股份有限公司进行普通清算的，其清算组成员由董事或股东大会确定的人员组成。公司在解散后自行组织清算机构进行清算。

特别清算，是指公司因某些特殊事由解散后，或者被宣告破产后，或者在普通清算发生显著障碍无法继续时，由政府有关部门或者法院介入而进行的清算。

（三）清算组的职权

清算组成员由股东和公司指定，一般情况下包括公司、股东代表、律师、会计师等。

清算组的权利包括：

（1）清理公司财产，分别编制资产负债表和财产清单；

（2）通知、公告债权人；

（3）处理与清算有关的公司未了结的业务；

（4）清缴所欠税款以及清算过程中产生的税款；

（5）清理债权、债务；

（6）处理公司员工劳动关系的解除和安置；

（7）处理公司清偿债务后的剩余财产；

（8）向税务机关、海关、外汇管理局、劳动管理部门以及公司登记机关提交相关材料；

（9）代表公司参与民事诉讼活动；

（10）向公司登记机关申请注销。

（四）清算程序

1. 公告程序

清算组应当自成立之日起10日内通知债权人，并于60日内在报纸上公告。债权人应当自接到通知书之日起30日内，未接到通知书的自公告之日起45日内，向清算组申报其债权。债权人不申报债权的，不影响清算程序的进行。

2. 制定清算方案

清算组在清理公司财产、编制资产负债表和财产清单后，应当制定清算方案，并报股东会确认。清算方案经股东会确认后，清算组负责实施清算方案。

3. 分配公司财产

按照清算方案，公司有剩余财产的，公司资产在分别支付清算费用、职工的工资、社会保险费用和法定补偿金，缴纳所欠税款，清偿公司债务后的剩余财产，有限责任公司按照股东的出资比例分配。

按照清算方案，公司无剩余财产或者公司资产不足支付相关费用的，则可以向法院申请进入破产程序。公司经法院裁定宣告破产后，清算组应当将清算事务移交法院。

4. 申请注销登记

公司清算结束后，清算组应当制作清算报告，报股东会确认，并报送公司登记机关，申请注销公司登记，公告公司终止。

【风险提示】

清算期间，公司虽然存续，但不得开展与清算无关的经营活动。公司财产在未依照上述规定清偿前，不得分配给股东。

【法条指引】

中华人民共和国公司法（节录）

第一百八十条 公司因下列原因解散：

（一）公司章程规定的营业期限届满或者公司章程规定的其他解散事由出现；

（二）股东会或者股东大会决议解散；

（三）因公司合并或者分立需要解散；

（四）依法被吊销营业执照、责令关闭或者被撤销；

（五）人民法院依照本法第一百八十二条的规定予以解散。

第一百八十五条　清算组应当自成立之日起十日内通知债权人，并于六十日内在报纸上公告。债权人应当自接到通知书之日起三十日内，未接到通知书的自公告之日起四十五日内，向清算组申报其债权。

债权人申报债权，应当说明债权的有关事项，并提供证明材料。清算组应当对债权进行登记。

在申报债权期间，清算组不得对债权人进行清偿。

第一百八十八条　公司清算结束后，清算组应当制作清算报告，报股东会、股东大会或者人民法院确认，并报送公司登记机关，申请注销公司登记，公告公司终止。

第一百九十七条　外国公司撤销其在中国境内的分支机构时，必须依法清偿债务，依照本法有关公司清算程序的规定进行清算。未清偿债务之前，不得将其分支机构的财产移至中国境外。

第二节　中外合资经营企业的合营期限、解散与清算

【规则要点】

有的行业的合营企业，应当约定合营期限；有的行业的合营企业，可以约定合营期限，也可以不约定合营期限。涉及特别管理准入措施的合营企业，需要进行审批，举办合营企业不涉及国家规定实施准入特别管理措施的适用备案管理。

【理解与适用】

一、中外合资经营企业合营期限

合营企业的合营期限，按不同行业的不同情况，可作不同的约定。有的行业合营期限应当约定，有些行业的合营企业可以约定合营期限也可以不约定合营期限。中国设立的中外合资经营企业中，属于国家鼓励和允许

投资项目的，合营各方可以在合同中约定合营期限，也可以不约定合营期限。

但属于下列行业或者情况的，合营各方应当依照国家有关法律、法规的规定，在合营合同中约定合营期限：

（1）服务性行业的，如饭店、公寓、写字楼、娱乐、饮食、出租汽车、彩扩洗相、维修、咨询等；

（2）从事土地开发及经营房地产的；

（3）从事资源勘查开发的；

（4）国家规定限制投资项目的；

（5）国家其他法律、法规规定需要约定合营期限的。

约定合营期限的企业，合营各方同意延长合营期限，需要审批的，应当在距合营期满6个月前向审查机关提出申请。审查批准机关应自接到申请之日起1个月内决定批准或不批准。合营各方一致同意将合营合同中合营期限条款修改为不约定合营期限的，合营各方应当申报理由，签订修改合营合同的协议，并提出申请，报原审批机关审查。原审批机关应当自接到上述申请文件之日起90日内决定批准或者不批准。

二、中外合资经营企业的解散

合营企业解散，是指合营企业如发生严重亏损、一方不履行合同和章程规定的义务、不可抗力等，经合营各方协商同意，报请审查批准机关批准，并向国家工商行政管理主管部门登记，可终止合同。如果因违反合同而造成损失的，应由违反合同的一方承担经济责任。

根据法律规定，合营企业在下列情况下解散：

（1）合营期限届满；

（2）企业发生严重亏损，无力继续经营；

（3）合营一方不履行合营企业协议、合同、章程规定的义务，致使企业无法继续经营；

（4）因自然灾害、战争等不可抗力遭受严重损失，无法继续经营；

（5）合营企业未达到其经营目的，同时又无发展前途；

（6）合营企业合同、章程所规定的其他解散原因已经出现。

上述第（2）（4）（5）（6）项情况发生的，由董事会提出解散申请书，报审批机构批准；第（3）项情况发生的，由履行合同的一方提出申请，报审批机构批准。不履行合营企业协议、合同、章程规定的义务一方，应当对合营企业由此造成的损失负赔偿责任。

三、中外合资经营企业的清算

合营企业宣告解散时，应当进行清算。合营企业应当依法成立清算委员会，由清算委员会负责清算事宜。清算委员会的成员一般应当在合营企业的董事中选任。董事不能担任或者不适合担任清算委员会成员时，合营企业可以聘请中国的注册会计师、律师担任。审批机构认为必要时，可以派人进行监督。清算费用和清算委员会成员的酬劳应当从合营企业现存财产中优先支付。

清算委员会的任务是对合营企业的财产、债权、债务进行全面清查，编制资产负债表和财产目录，提出财产作价和计算依据，制定清算方案，提请董事会会议通过后执行。清算期间，清算委员会代表该合营企业起诉和应诉。合营企业以其全部资产对其债务承担责任。合营企业清偿债务后的剩余财产按照合营各方的出资比例进行分配，但合营企业协议、合同、章程另有规定的除外。

合营企业解散时，其资产净额或者剩余财产减除企业未分配利润、各项基金和清算费用后的余额，超过实缴资本的部分为清算所得，应当依法缴纳所得税。合营企业的清算工作结束后，由清算委员会提出清算结束报告，提请董事会会议通过后，报告审批机构，并向登记管理机构办理注销登记手续，缴销营业执照。合营企业解散后，各项账册及文件应当由原中国合营者保存。

合营企业的注销登记，不涉及准入特别管理措施的，适用备案管理的规定。

【相关案例】

南京华海显示科技有限公司成立于2006年2月10日。后经多次股权转让和变更，公司章程也数次修改，但2005年12月原三位股东制定的《中外合资经营企业章程》中关于公司解散的内容一直未发生变动。2008年10月15日，南京华海显示科技有限公司变更公司名称为奥丽维亚公司。

奥丽维亚公司2007年通过工商部门年检后便再无年检记录，自2008年以来，奥丽维亚公司从未召开过股东会和董事会。2010年12月24日，法院强制执行奥丽维亚公司名下的房产，用于抵偿相关债务。台林国际控股有限公司（以下简称台林公司）请求法院判令解散奥丽维亚公司①。

本案经过一审、二审，江苏省高级人民法院认为案件争议焦点是解散奥丽维亚公司的条件是否已经成就。奥丽维亚公司是中外合资经营企业，但因中外合资经营企业法没有另行规定中外合资经营企业的司法解散情形，也未禁止中外合资经营企业适用公司法关于司法解散的相关规定，因此可依照公司法的规定申请解散奥丽维亚公司。台林公司持有的股权比例符合公司司法解散之诉的要求，且奥丽维亚公司已无实际经营场所和经营活动，股东对于公司事务消极不作为，无法通过协商解决公司僵局，因此法院支持公司解散。

第三节　中外合作经营企业合作期限、解散与清算

【规则要点】

中外合作经营企业的合作期限经向审查批准机关申请可以延长，不涉及特别准入管理措施的中外合作经营企业适用备案管理的规定。

不具有法人资格的中外合作经营企业的合作期限、清算与解散也由联合管理机构决定，并且遵守依照国家有关法律、行政法规及合作企业合同、章程的规定。

【理解与适用】

一、中外合作经营企业的合作期限

合作企业的期限由中外合作者协商确定，并在合作企业合同中订明。

① 台林国际控股有限公司与南京奥丽维亚显示科技有限公司公司解散纠纷案，(2016) 苏民终776号。

合作企业期限届满，合作各方协商同意要求延长合作期限的，应当在期限届满的180天前向审查批准机关提出申请，说明原合作企业合同执行情况，延长合作期限的原因，同时报送合作各方就延长的期限内各方的权利、义务等事项所达成的协议。审查批准机关应当自接到申请之日起30日内，决定批准或者不批准。

经批准延长合作期限的，合作企业凭批准文件向工商行政管理机关办理变更登记手续，延长的期限从期限届满后的第1天起计算。合作企业合同约定外国合作者先行回收投资，并且投资已经回收完毕的，合作企业期限届满不再延长；但是，外国合作者增加投资的，经合作各方协商同意，可以向审查批准机关申请延长合作期限。

二、中外合作经营企业的解散

合作企业因下列情形之一出现时解散：

（1）合作期限届满；

（2）合作企业发生严重亏损，或者因不可抗力遭受严重损失，无力继续经营；

（3）中外合作者一方或者多方不履行合作企业合同、章程规定的义务，致使合作企业无法继续经营；

（4）合作企业合同、章程中规定的其他解散原因已经出现；

（5）合作企业违反法律、行政法规，被依法责令关闭。

当上述第（2）（4）项所列情形发生，应当由合作企业的董事会或者联合管理委员会作出决定，报审查批准机关批准。在上述第（3）项情况下，不履行合作企业合同、章程规定的义务的中外合作者一方或者多方，应当对履行合同的他方因此遭受的损失承担赔偿责任；履行合同的一方或者多方有权向审查批准机关提出申请，解散合作企业。

三、中外合作经营企业的清算

合作企业期满或者提前终止时，应当依照法定程序对资产和债权、债务进行清算。中外合作者应当依照合作企业合同的约定确定合作企业财产的归属。合作企业期满或者提前终止，应当向市场监督管理机关和税务机关办理注销登记手续。合作企业的具体清算事宜依照国家有关法律、行政法规及合作企业合同、章程的规定办理。

不具有法人资格的合作企业设立联合管理机构，由合作各方委派的代表组成，代表合作各方共同管理合作企业。联合管理机构决定合作企业的一切重大问题。因此，有关不具有法人资格的中外合作企业的合作期限、清算与解散也由联合管理机构决定，并且遵守依照国家有关法律、行政法规及合作企业合同、章程的规定。

合作企业的注销登记，不涉及准入特别管理措施的，适用备案管理的规定。

第四节　外资企业的经营期限、解散与清算

【规则要点】

外资企业的经营期限经向审查批准机关申请可以延长，不涉及特别准入管理措施的外资企业延长经营期限的，适用备案管理的规定。

外资企业符合解散的条件应当终止，并且进行清算。外资企业清算结束，应当向市场监督管理机关办理注销登记手续，缴销营业执照。

【理解与适用】

一、外资企业的经营期限

外资企业的经营期限，根据不同行业和企业的具体情况，由外国投资者在设立外资企业的申请书中拟订，经审批机关批准。外资企业的经营期限，从其营业执照签发之日起计算。外资企业的经营期限由外国投资者申报，由审查批准机关批准。期满需要延长的，应当在期满 180 日以前向审查批准机关提出申请。审查批准机关应当在接到申请之日起 30 日内决定批准或者不批准。外资企业经批准延长经营期限的，应当自收到批准延长期限文件之日起 30 日内，向工商行政管理机关办理变更登记手续。

二、外资企业的终止

外资企业有下列情形之一的，应予以终止：

（1）经营期限届满；

（2）经营不善，严重亏损，外国投资者决定解散；

（3）因自然灾害、战争等不可抗力而遭受严重损失，无法继续经营；

（4）破产；

（5）违反中国法律、法规，危害社会公共利益被依法撤销；

（6）外资企业章程规定的其他解散事由已经出现。

外资企业如存在上述第（2）（3）（4）项所列情形，应当自行提交终止申请书，报审批机关核准。审批机关作出核准的日期为企业的终止日期。

三、外资企业的清算

外资企业依照上述第（1）（2）（3）（4）项的规定终止的，应当在终止之日起15日内对外公告并通知债权人，并在终止公告发出之日起15日内，提出清算程序、原则和清算委员会人选，报审批机关审核后进行清算。清算费用从外资企业现存财产中优先支付。

清算委员会应当由外资企业的法定代表人、债权人代表以及有关主管机关的代表组成，并聘请中国的注册会计师、律师等参加。

清算委员会行使下列职权：

（1）召集债权人会议；

（2）接管并清理企业财产，编制资产负债表和财产目录；

（3）提出财产作价和计算依据；

（4）制定清算方案；

（5）收回债权和清偿债务；

（6）追回股东应缴而未缴的款项；

（7）分配剩余财产；

（8）代表外资企业起诉和应诉。

外资企业在清算结束之前，外国投资者不得将该企业的资金汇出或者携出中国境外，不得自行处理企业的财产。外资企业清算结束，其资产净额和剩余财产超过注册资本的部分视同利润，应当依照中国税法缴纳所得税。外资企业清算结束，应当向市场监督管理机关办理注销登记手续，注销营业执照。外资企业清算处理财产时，在同等条件下，中国的企业或者其他经济组织有优先购买权。

外资企业的注销登记，不涉及准入特别管理措施的，适用备案管理的规定。

第五节 外商投资企业解散与清算的其他规定

一、外商投资企业解散与清算的补充性规定

除了外商投资企业解散和清算的一般性规定，还有其他规定对外商投资企业解散与清算进行了补充。

如外商投资企业出现下列解散事由的，须向审批机关报送提前解散申请书、企业权力机构（董事会、股东会或股东大会）关于提前解散企业的决议以及企业的批准证书和营业执照。

1. 合营企业的解散事由

（1）企业发生严重亏损，无力继续经营；

（2）因自然灾害、战争等不可抗力遭受严重损失，无法继续经营；

（3）合营企业未达到其经营目的，同时又无发展前途；

（4）合营企业合同、章程所规定的其他解散原因已经出现。

2. 合作企业的解散事由

（1）合作企业发生严重亏损，或者因不可抗力遭受严重损失，无力继续经营；

（2）合作企业合同、章程中规定的其他解散原因已经出现；

（3）合作企业违反法律、行政法规，被依法责令关闭。

3. 外资企业终止事由

（1）经营不善，严重亏损，外国投资者决定解散；

（2）因自然灾害、战争等不可抗力而遭受严重损失，无法继续经营；

（3）外资企业章程规定的其他解散事由已经出现。

中外合资、合作企业投资者因为合营一方不履行合营企业协议、合同、章程规定的义务，致使企业无法继续经营；合作企业因为中外合作者一方或者数方不履行合作合同、章程规定的义务，致使合作企业无法继续经营，而另一方单方提出解散申请的，涉及特别准入管理措施的应当向审批机关报送提前解散申请书，并提供有管辖权的人民法院或仲裁机构作出的生效判决或裁决，判决或裁决中应明确判定或裁定存在上述两项中所规定的情形。审批机关收到解散申请书和相关材料后，于10个工作日内作出批准企业解散的批件，并在全国外商投资企业审批管理系统中增加批准企业解散的信息。企业应在批准解散之日起15日内成立清算组，依法开始清算。

外商投资企业经营管理发生严重困难，继续存续会使股东利益遭受重大损失，同时通过其他途径不能解决的，持有公司全部股东表决权10%以上的股东有权向有管辖权的人民法院提出请求解散公司。

清算组应在清算期内缴清企业各项税款。清算结束后，清算组应制作清算报告，经企业权力机构确认后，报送审批机关，同时向审批机关缴销批准证书。审批机关收到清算报告和批准证书后，在全国外商投资企业审批管理系统中完成企业终止相关信息的录入和操作，并由系统自动生成回执，企业凭回执向税务、海关、外汇等部门办理注销手续，并向公司登记机关申请注销登记。

二、外商投资企业清算程序的注意事项

（一）非破产清算

1. 解散事由

外商投资成立的有限责任公司解散的大多数情况不需政府审批机关事先批准，少数需要由政府审批机关批准，其中涉及国家规定实施准入特别管理措施的行业，应按照外商投资相关法律法规办理审批手续。

2. 开展解散清算需履行的政府相关手续及其要求

公司内部须在召开关于解散、清算的决议如董事会决议，外商独资、外商合资的情况下，还须要有相应的股东（会）决议。解散清算须董事会全体成员一致通过，之后向商务部门申请备案或者审批。

清算组组成后除负责具体的清算业务外，还需制作清算报告，报董事

会及各出资人确认，在政府审批机关进行《外商投资企业批准证书》的注销手续，税务、海关、外汇等相关登记的注销手续，如果有剩余财产按各出资人的出资比例，分配清算剩余资产，对外国股东的对外汇款手续可以与外汇注销登记手续同时进行。关于工商行政管理机关的注销登记、公告公司终止等，需要注意的是，具体的手续或要件可能因地方不同有所差异。

3. 具体清算过程中的注意事项

（1）对设备、原料、产品等资产的处理

比如资产的拍卖、变卖等，在海关监督下处理减免税资产，第三方资产的处理等。

（2）债权债务的处理

比如债权回收的筹划，债权的放弃，向第三方转让债权，需通知债务人；对债务的处理，需要债权申报相关文件的审查，债权的确认、登记，所欠税款的缴纳，清算所得的企业所得税等。

（3）剩余资产的分配及汇款

在向股东分配前公司资产应先行支付清算费用、员工工资、社会保险费用、法定经济补偿金、税款、其他公司债务等。

（4）办理外汇管理局的对外汇款手续。

（5）既存合同的履行、中途解约

如果存在正在履行的合同需要解除，作为违约一方应当支付违约金，赔偿相对方损失，了结相应的债权债务。

4. 与合资相对方的关系

解散清算申请前需要取得合资相对方的同意，如果公司陷入僵局状态，基于合同申请仲裁或者提起公司解散诉讼。如果取得合资相对方的同意，借助合资相对方的协助，可以顺利地进行同员工的交涉、债权债务的确认、资产的现金化等，办理政府机构的各项手续，进行剩余资产的分配、汇款等等，节省退出的时间成本。

（二）破产清算

1. 破产清算的主要法律规定

依照中国公司法设立的股份有限公司、有限责任公司、国有企业外商投资企业等的破产清算应当符合企业破产法规定，企业破产法中没有规定的，适用《中华人民共和国民事诉讼法》的规定。实践中，外商投资企业破产的实际案例很少。

2. 对外效力

依照企业破产法办理破产手续，对破产企业在中国境外的财产也具有效力。国外有关破产的确定判决在中国国内的效力，对于与外国破产企业在中国国内的财产相关的外国判决，人民法院收到有关认可和执行的请求时，按照中国签订的国际条约或互惠原则进行审查。

人民法院在确认以下三点的前提下，认可和执行国外的判决：

（1）不违反中国法的基本原则；

（2）不侵害中国的国家主权、安全、社会公共利益；

（3）不侵害中国国内的债权人的合法权益。

【风险提示】

1. 企业的重组与撤资并不单纯意味着公司的解散、清算或者破产，中国不仅要鼓励投资兴业，还应提供完善的退出机制，确保外国投资者理性地退出市场。

2. 外资重组、撤资或者公司解散清算时要特别注意劳动问题的处理，通过协商一致方式解决劳动合同，发生纠纷时在保证安全情况下适当支付经济补偿金、协助员工再就业等实现劳资关系的平稳解除。

3. 解散清算须董事会全体成员一致通过后向有关部门申请备案或者审批。

第十二章

外商投资争议解决

第一节　外商投资争议的类型和解决方式

【规则要点】

外商投资企业或者其投资者认为行政机关及其工作人员的行政行为侵犯其合法权益的，除通过外商投资企业投诉工作机制申请协调解决外，还可以依法申请行政复议、提起行政诉讼。

解决民商事争议的方式一般有协商调解、提起仲裁或者诉讼。

【理解与适用】

一、外商投资企业争议的类型

（一）行政争议

在中国，无论是外资准入还是外商投资企业的设立、变更和终止，以及企业存续期间的生产经营活动，都必须遵守中华人民共和国的法律和行政法规、部门规章的规定，都受到中国政府的行政管理和法律监管。在政府监管过程中，作为行政相对人的外国投资者或者外商投资企业，在自己的合法权益受到侵害时，可以根据中国有关法律的规定，获得相应的法律救济。

（二）民商事争议

外商投资涉及的大部分问题是民商事争议，包括外国投资者与中国投资者在外商投资企业设立过程中所产生的民商事争议；外商投资企业与国内其他企业之间因为经济活动所发生的民商事争议；外商投资企业作为中国的民事主体与外国企业、其他经济组织或者个人等发生的涉外民商事纠纷等等。

二、行政争议的解决方式

与外国投资者有密切联系的行政行为主要有行政许可和行政处罚等，比如，对于外资准入过程和外商投资企业存续过程中的审查批准以及外商投资企业在经营过程中因违法被行政处罚，承担相应的法律责任，在这些行政关系中外商投资企业作为行政相对人，对于滥用行政权力、侵害外国投资者和外商投资企业合法利益的不法行政行为，可以通过行政复议和行政诉讼的方式维护自身的合法权益，必要时可以申请行政赔偿。根据外商投资法第26条的规定，国家建立外商投资企业投诉工作机制，及时处理外商投资企业或者其投资者反映的问题，协调完善相关政策措施。外商投资企业或者其投资者认为行政机关及其工作人员的行政行为侵犯其合法权益的，可以通过外商投资企业投诉工作机制申请协调解决。外商投资企业或者其投资者认为行政机关及其工作人员的行政行为侵犯其合法权益的，除依照前款规定通过外商投资企业投诉工作机制①申请协调解决外，还可以依法申请行政复议、提起行政诉讼。

（一）行政复议

行政复议，是指行政相对人认为行政主体的具体行政行为侵犯其合法权益，依法向行政复议机关提出复查该具体行政行为的申请，行政复议机关依照法定程序对被申请的具体行政行为进行合法、适当性审查，并作出行政复议决定的一种行政救济方式。比如，对县工商局的决定不服，可向县政府或市工商局申请复议。行政复议是通过上级机关复议监督的一种方式。

① 参见第二章投资保护中有关外商投资企业投诉工作机制的内容。

（二）行政诉讼

行政诉讼，是指行政相对人或相关人与行政主体在行政法律关系领域发生纠纷后，向人民法院提起诉讼，人民法院依法定程序审查行政主体行政行为的合法性，并判断相对人的主张是否妥当，以作出裁决的一种司法活动。行政诉讼是司法手段，通过法院来裁决与行政主体之间的纠纷。

（三）行政赔偿

行政赔偿，是指行政机关或者行政机关的工作人员在行使职权的过程中违法侵犯公民、法人或其他经济组织的合法权益并造成损害的，由国家对受害者承担适当的赔偿责任。

三、民商事争议的解决方式

解决有关外商投资的民商事争议一般有四种方式，协商、调解、仲裁和民事诉讼。协商和调解是中国所鼓励的解决方式，中方对于纠纷解决倾向于私下解决，不愿意通过仲裁或诉讼的方式对抗，因此建议发生纠纷时首先尝试通过协商、调解的方式解决。当不得不对抗时，外方考虑到在中国法院提起诉讼，其程序法和实体法都适用中国法的问题，担心可能不公平，也会倾向于通过仲裁的方式解决。

（一）调解

调解，作为和诉讼、仲裁并列的一种商事纠纷解决机制，是指在中立第三方的主持和协助下，当事人通过平等协商、互谅互让，达成和解协议，从而友好地解决纠纷的一种方式。调解的优势在于省时省力，节省金钱，更高效快捷，因为是非对抗的方式，当事人双方的合作关系可以继续维持，有利于外商投资企业未来的发展。

调解主要有两种方式：一种是庭外调解，即各方同意将争议提交独立的非营利性民间调解机构，属于独立的民间调解；另一种是庭内调解，即与诉讼或仲裁相结合，在诉讼或仲裁过程中由仲裁庭或法庭担任调解员的角色，主持调解。调解是体现双方自愿的意思表示的方式，任何一方当事人可以随时声明终止调解。中国具有国际代表性的国际商事纠纷民间性调解机构是中国国际贸易促进委员会和中国国际商会的调解中心及其各分支机构的调解中心。争议各方也可以选择境外的调解机构。

（二）商事仲裁

仲裁，是指争议双方当事人在争议发生之前或者在争议发生之后达成仲裁协议，自愿将他们之间的争议提交仲裁机构解决，争议双方当事人有义务履行该裁决的一种解决方式。

商事仲裁的特征是：第一，必须尊重当事人意思自治，自愿选择是否仲裁和选择仲裁机构、仲裁地点、仲裁员人选、仲裁规则以及仲裁适用的法律等；第二，约定仲裁的内容必须符合仲裁条件，不能是与商事无关的人身关系纠纷；第三，仲裁一裁终局，比诉讼方式程序简便，方式灵活；第四，仲裁原则上不公开，当事人可以选择公开，但涉及国家秘密的除外。

1. 仲裁机构

当事人可以选择中国的仲裁机构，如中国国际经济贸易委员会、北京仲裁委员会、香港国际仲裁中心；也可以选择域外的仲裁机构来处理涉外纠纷，比如斯德哥尔摩商会仲裁院、国际商会仲裁院、新加坡国际仲裁中心、美国仲裁协会、伦敦国际仲裁院等。《最高人民法院关于为自由贸易试验区建设提供司法保障的意见》第 9 条第 1 款规定："在自贸试验区内注册的外商独资企业相互之间约定商事争议提交域外仲裁的，不应仅以其争议不具有涉外因素为由认定相关仲裁协议无效。"因此，原则上约定提交域外仲裁的仲裁协议是有效的。

2. 仲裁的法律依据

中国关于仲裁的法律依据主要有《中华人民共和国仲裁法》、民事诉讼法中有关仲裁的规定，还有中国参加的《承认和执行外国仲裁裁决公约》等国际条约。

(三) 民事诉讼

民事诉讼是解决争端的一种常见的方式，当事人将争议提交给中国或外国的法院，由法院依照中国或外国法律对争议进行审判和裁决，从而解决当事人之间的纠纷。与外商投资有关的争议属于民事诉讼的范畴，程序法上在中国适用民事诉讼法的规定。

中国的法院分为四级，分别是最低一级的县区级人民法院，市（设区的市）一级的中级人民法院，省一级高级人民法院和最高一级的最高人民法院；中国的审级制度是两审终审制，一审后可以上诉，二审程序结束后诉讼程序终止，不能再向更高一级法院上诉，但有时会出现纠错程序的再审程序。

1. 外国人的诉讼地位和注意事项

根据民事诉讼法的规定，外国人包括外国企业、其他经济组织或自然人在中国的诉讼程序中享有与中国公民、法人和其他经济组织同等的权利并承担同等义务。但是如果外国人的国籍国在外国，对中国公民、法人和其他经济组织的民事诉讼权利加以限制，中国有权对该国外国人予以同样的限制。这是同等原则和对等原则的规定。

外国人在中国法院诉讼可以要求提供翻译或者自带翻译来解决语言不通的问题；为维护中国的司法主权，外国企业、其他经济组织或自然人如果委托律师进行代理，只能委托中国的律师出庭参加诉讼，但是外国人可以不作为律师参加诉讼。

2. 关于外商投资合同的法律适用

在中国领域内的下列合同，专属适用于中国法律，不得由当事人自治选择合同准据法或者适用其他法律选择规则：

（1）中外合资经营企业合同；

（2）中外合作经营企业合同；

（3）中外合作勘探、开发自然资源合同；

（4）中外合资经营企业、中外合作经营企业、外商独资企业股份转让合同；

（5）外国自然人、法人或其他经济组织承包经营在中国领域内设立的中外合资经营企业、中外合作经营企业；

（6）外国自然人、法人或其他经济组织购买中国领域内的非外商投资企业股东的股权的合同；

（7）外国自然人、法人或其他经济组织认购中国境内的非外商投资有限责任公司或者股份有限公司增资的合同；

（8）外国自然人、法人或其他经济组织购买中国领域内的非外商投资企业资产的合同。

【法条指引】

中华人民共和国外商投资法（节录）

第十一条　国家建立健全外商投资服务体系，为外国投资者和外商投资企业提供法律法规、政策措施、投资项目信息等方面的咨询和服务。

第二十六条 国家建立外商投资企业投诉工作机制，及时处理外商投资企业或者其投资者反映的问题，协调完善相关政策措施。

外商投资企业或者其投资者认为行政机关及其工作人员的行政行为侵犯其合法权益的，可以通过外商投资企业投诉工作机制申请协调解决。

外商投资企业或者其投资者认为行政机关及其工作人员的行政行为侵犯其合法权益的，除依照前款规定通过外商投资企业投诉工作机制申请协调解决外，还可以依法申请行政复议、提起行政诉讼。

第二节 外商投资争议的法院审理和法律适用

【规则要点】

当事人在外商投资企业设立、变更等过程中订立未经批准的合同，但是成立未生效，而并非无效，合同的有关条款在审批过程中依然适用。

需要注意的是，外商投资企业股权转让中的优先购买权问题、注意外商投资者名义股东和实际投资者的适用情况。

【理解与适用】

本部分主要是基于最高人民法院2010年《关于审理外商投资企业纠纷案件若干问题的规定（一）》的规定对外商投资纠纷案件的审理问题作简要介绍。

一、关于外商投资企业的设立和出资

（一）外商投资企业设立过程订立的合同效力问题

当事人在外商投资企业设立、变更等过程中订立的合同，依法律、行政法规应当经外商投资企业审批机关批准之后才生效，自批准之日起生效；未经批准的，该合同未生效，当事人请求确认该合同无效的得不到法院支持。但上述合同因未经批准而被认定未生效的，不影响合同中当事人履行报批义务条款及因该报批义务而设定的相关条款的效力。也就是说，

未经批准的合同的效力是成立未生效，而并非无效，合同的有关条款在审批过程中依然适用。

另外，当事人就外商投资企业相关事项达成的补充协议对已获批准的合同不构成重大或实质性变更的，该补充协议未经外商投资企业审批机关批准原则上是有效的。重大或实质性变更，是指涉及外商投资企业的注册资本、公司类型、经营范围、营业期限、股东认缴的出资额、出资方式的变更以及公司合并、公司分立、股权转让等事项的变更。

人民法院在审理案件中，发现经外商投资企业审批机关批准的外商投资企业合同具有法律、行政法规规定的无效情形的，合同会被认定为无效；该合同具有法律、行政法规规定的可撤销情形，当事人可以请求撤销该合同。无效的情形，比如说恶意串通损害第三人利益、损害社会公共利益或国家利益时应认定为合同无效；可撤销的情形，比如说一方意思表示不真实，出现了重大误解或显失公平的情形等，此时可以认定为合同可撤销，给当事人意思瑕疵的补救。

（二）出资

外商投资企业合同约定一方当事人以需要办理权属变更登记的标的物出资或者提供合作条件，标的物已交付外商投资企业实际使用，且负有办理权属变更登记义务的一方当事人在人民法院指定的合理期限内完成了登记的，该方当事人履行了出资或者提供合作条件的义务。即对需要办理权属变更登记的标的的当事人义务履行包括标的物交付使用和在合理期间内办理变更登记两个方面。该方当事人履行了上述出资义务应该享有相应的股东权益。外商投资企业或其股东如果举证证明该方当事人因迟延办理权属变更登记给外商投资企业造成损失的，可以请求该方当事人赔偿。外商投资企业的当事人出资义务的履行可以参照公司法及其司法解释的有关规定来处理。

二、关于外商投资企业的股权转让和质押

（一）受让方的权利

外商投资企业股权转让合同成立后，从受让方的角度来讲：

1. 转让方和外商投资企业不履行报批义务，经受让方催告后在合理的期限内仍未履行，受让方有权请求解除合同并由转让方返还其已支付的转

让款、赔偿因未履行报批义务而造成的实际损失。

2. 转让方和外商投资企业不履行报批义务，受让方以转让方为被告、以外商投资企业为第三人提起诉讼，有权请求转让方与外商投资企业在一定期限内共同履行报批义务；受让方也有权同时请求在转让方和外商投资企业于生效判决确定的期限内不履行报批义务时自行报批。

3. 转让方和外商投资企业拒不根据人民法院生效判决确定的期限履行报批义务，受让方有权另行起诉，请求解除合同并赔偿损失。赔偿损失的范围可以包括股权的差价损失、股权收益及其他合理损失。

4. 转让方、外商投资企业或者受让方根据上述规定就外商投资企业股权转让合同报批，未获外商投资企业审批机关批准，受让方可以另行起诉，请求转让方返还其已支付的转让款。受让方请求转让方赔偿因此造成的损失，应根据转让方是否存在过错以及过错大小认定其是否承担赔偿责任及具体赔偿数额。

（二）转让方的权利

外商投资企业股权转让合同约定受让方支付转让款后转让方才办理报批手续，受让方未支付股权转让款，经转让方催告后在合理的期限内仍未履行，转让方有权请求解除合同并赔偿因迟延履行而造成的实际损失。

外商投资企业股权转让合同成立后，从转让方的角度来讲：

1. 受让方未支付股权转让款，转让方和外商投资企业亦未履行报批义务，转让方请求受让方支付股权转让款的，人民法院应当中止审理，指令转让方在一定期限内办理报批手续。如果该股权转让合同获得外商投资企业审批机关批准的，法院支持转让方关于支付转让款的诉讼请求。

2. 受让方已实际参与外商投资企业的经营管理并获取收益，但合同未获外商投资企业审批机关批准，转让方有权请求受让方退出外商投资企业的经营管理并将受让方因实际参与经营管理而获得的收益在扣除相关成本费用后支付给转让方。

（三）股权对外转让时优先购买权问题

1. 同意权

外商投资企业一方股东将股权全部或部分转让给股东之外的第三人，应当经其他股东一致同意，其他股东有权以未征得其同意为由请求撤销股权转让合同。

具有以下情形之一的除外：

（1）有证据证明其他股东已经同意；

（2）转让方已就股权转让事项书面通知，其他股东自接到书面通知之日起满30日未予答复；

（3）其他股东不同意转让，又不购买该转让的股权。

2. 优先购买权

外商投资企业一方股东将股权全部或部分转让给股东之外的第三人，其他股东有权优先购买该转让股权，在没有股东行使优先购买权的情况下转让方可以转给第三人，否则其他股东有权以该股权转让侵害了其优先购买权为由请求撤销股权转让合同。其他股东在知道或者应当知道股权转让合同签订之日起1年内未主张优先购买权的除外。需要注意的是，股权对外转让合同的转让方、受让方不得以侵害其他股东优先购买权为由请求认定股权转让合同无效。

（四）股权质押问题

外商投资企业股东与债权人订立的股权质押合同，除法律、行政法规另有规定或者合同另有约定外，自成立时生效。未办理质权登记的，不影响股权质押合同的效力。当事人不能仅以股权质押合同未经外商投资企业审批机关批准为由主张合同无效或未生效。

股权质押合同依照物权法的相关规定办理了出质登记的，股权质权自登记时设立。

三、关于外商投资企业的名义股东与实际投资者

（一）内部关系

1. 股东身份认定问题

当事人之间约定一方实际投资、另一方作为外商投资企业名义股东，实际投资者如果同时具备以下条件有权请求确认其在外商投资企业中的股东身份或者请求变更外商投资企业股东：

（1）实际投资者已经实际投资；

（2）名义股东以外的其他股东认可实际投资者的股东身份；

（3）人民法院或当事人在诉讼期间就将实际投资者变更为股东征得了外商投资企业审批机关的同意。

2. 合同效力问题

合同约定一方实际投资、另一方作为外商投资企业名义股东，不具有法律、行政法规规定的无效情形的，该合同约定内容有效。一方当事人不能仅以未经外商投资企业审批机关批准为由主张该合同无效或未生效。

3. 合同履行和利润分配问题

实际投资者有权请求外商投资企业名义股东依据双方约定履行相应义务。双方未约定利益分配，实际投资者有权请求外商投资企业名义股东向其交付从外商投资企业获得的收益，外商投资企业名义股东有权要求实际投资者支付必要报酬。外商投资企业名义股东不履行与实际投资者之间的合同，致使实际投资者不能实现合同目的的，实际投资者有权请求解除合同并由外商投资企业名义股东承担违约责任。

但是实际投资者不能根据其与外商投资企业名义股东的约定，直接向外商投资企业请求分配利润或者行使其他股东权利。

实际投资者与外商投资企业名义股东之间的合同被认定无效，名义股东持有的股权价值高于实际投资额，实际投资者有权请求名义股东向其返还投资款并根据其实际投资情况以及名义股东参与外商投资企业经营管理的情况对股权收益在双方之间进行合理分配。外商投资企业名义股东明确表示放弃股权或者拒绝继续持有股权的，转让所得价款或者以拍卖、变卖名义股东持有的外商投资企业股权所得向实际投资者返还投资款，其余款项根据实际投资者的实际投资情况、名义股东参与外商投资企业经营管理的情况在双方之间进行合理分配。

实际投资者与外商投资企业名义股东之间的合同被认定无效，名义股东持有的股权价值低于实际投资额的，实际投资者有权请求名义股东向其返还现有股权的等值价款；外商投资企业名义股东明确表示放弃股权或者拒绝继续持有股权的，转让所得价款以拍卖、变卖名义股东持有的外商投资企业股权所得向实际投资者返还投资款。

实际投资者请求名义股东赔偿损失的，应当根据名义股东对合同无效是否存在过错及过错大小认定其是否承担赔偿责任及具体赔偿数额。

（二）外部效力

根据外观主义原则，名义股东是作为公司股东，不得对抗基于对股东身份合理信赖的善意第三人，但是第三人知道或应当知道的除外。

实际投资者与外商投资企业名义股东之间的合同属恶意串通，损害国家、集体或者第三人利益，应当被认定无效的，应将取得的财产收归国家所有或者返还集体、第三人。

四、关于恶意变更外商投资企业股东

外商投资企业一方股东或者外商投资企业以提供虚假材料等欺诈或者其他不正当手段向外商投资企业审批机关申请变更外商投资企业批准证书所载股东，导致外商投资企业他方股东丧失股东身份或原有股权份额的，他方股东有权请求确认股东身份或原有股权份额，但是第三人已经善意取得该股权的除外。他方股东有权请求侵权股东或者外商投资企业赔偿因此造成的损失。

【风险提示】

1. 外商投资法适用公司法对股权转让的同意权的变化，详细内容参见第六章。

2. 仲裁条款要清楚、明确，仲裁的意愿要明确，不能约定既提交仲裁又可以向法院起诉。约定的仲裁机构要明确，约定两个以上的仲裁机构必须选择其中一个，难以认定的，仲裁协议无效。

3. 约定仲裁规范条款示范：“凡产生于或与本合同有关的一切争议均应提交国际商会国际仲裁院并按照国际商会仲裁规则由依据该规则指定的一名或数名仲裁员终局解决。”

附　录

附录1　外商投资准入特别管理措施（负面清单）（2020年版）

说　明

一、《外商投资准入特别管理措施（负面清单）》（以下简称《外商投资准入负面清单》）统一列出股权要求、高管要求等外商投资准入方面的特别管理措施。《外商投资准入负面清单》之外的领域，按照内外资一致原则实施管理。

二、《外商投资准入负面清单》对部分领域列出了取消或放宽准入限制的过渡期，过渡期满后将按时取消或放宽其准入限制。

三、境外投资者不得作为个体工商户、个人独资企业投资人、农民专业合作社成员，从事投资经营活动。

四、有关主管部门在依法履行职责过程中，对境外投资者拟投资《外商投资准入负面清单》内领域，但不符合《外商投资准入负面清单》规定的，不予办理许可、企业登记注册等相关事项；涉及固定资产投资项目核准的，不予办理相关核准事项。投资有股权要求的领域，不得设立外商投资合伙企业。

五、经国务院有关主管部门审核并报国务院批准，特定外商投资可以不适用《外商投资准入负面清单》中相关领域的规定。

六、境内公司、企业或自然人以其在境外合法设立或控制的公司并购与其有关联关系的境内公司，按照外商投资、境外投资、外汇管理等有关规定办理。

七、《外商投资准入负面清单》中未列出的文化、金融等领域与行政审批、资质条件、国家安全等相关措施，按照现行规定执行。

八、《内地与香港关于建立更紧密经贸关系的安排》及其后续协议、《内地与澳门关于建立更紧密经贸关系的安排》及其后续协议、《海峡两岸经济合作框架协议》及其后续协议、我国缔结或者参加的国际条约、协定对境外投资者准入待遇有更优惠规定的，可以按照相关规定执行。在自由贸易试验区等特殊经济区域对符合条件的投资者实施更优惠开放措施的，按照相关规定执行。

九、《外商投资准入负面清单》由国家发展改革委、商务部会同有关部门负责解释。

外商投资准入特别管理措施（负面清单）（2020 年版）

序号	特别管理措施
一、农、林、牧、渔业	
1	小麦新品种选育和种子生产的中方股比不低于 34%、玉米新品种选育和种子生产须由中方控股。
2	禁止投资中国稀有和特有的珍贵优良品种的研发、养殖、种植以及相关繁殖材料的生产（包括种植业、畜牧业、水产业的优良基因）。
3	禁止投资农作物、种畜禽、水产苗种转基因品种选育及其转基因种子（苗）生产。
4	禁止投资中国管辖海域及内陆水域水产品捕捞。
二、采矿业	
5	禁止投资稀土、放射性矿产、钨勘查、开采及选矿。
三、制造业	
6	出版物印刷须由中方控股。
7	禁止投资中药饮片的蒸、炒、炙、煅等炮制技术的应用及中成药保密处方产品的生产。

续表

序号	特别管理措施
8	除专用车、新能源汽车、商用车外，汽车整车制造的中方股比不低于50%，同一家外商可在国内建立两家及两家以下生产同类整车产品的合资企业。（2022年取消乘用车制造外资股比限制以及同一家外商可在国内建立两家及两家以下生产同类整车产品的合资企业的限制）
9	卫星电视广播地面接收设施及关键件生产。
四、电力、热力、燃气及水生产和供应业	
10	核电站的建设、经营须由中方控股。
五、批发和零售业	
11	禁止投资烟叶、卷烟、复烤烟叶及其他烟草制品的批发、零售。
六、交通运输、仓储和邮政业	
12	国内水上运输公司须由中方控股。
13	公共航空运输公司须由中方控股，且一家外商及其关联企业投资比例不得超过25%，法定代表人须由中国籍公民担任。通用航空公司的法定代表人须由中国籍公民担任，其中农、林、渔业通用航空公司限于合资，其他通用航空公司限于中方控股。
14	民用机场的建设、经营须由中方相对控股。外方不得参与建设、运营机场塔台。
15	禁止投资邮政公司、信件的国内快递业务。
七、信息传输、软件和信息技术服务业	
16	电信公司：限于中国入世承诺开放的电信业务，增值电信业务的外资股比不超过50%（电子商务、国内多方通信、存储转发类、呼叫中心除外），基础电信业务须由中方控股。
17	禁止投资互联网新闻信息服务、网络出版服务、网络视听节目服务、互联网文化经营（音乐除外）、互联网公众发布信息服务（上述服务中，中国入世承诺中已开放的内容除外）。

续表

序号	特别管理措施
八、租赁和商务服务业	
18	禁止投资中国法律事务（提供有关中国法律环境影响的信息除外），不得成为国内律师事务所合伙人。
19	市场调查限于合资，其中广播电视收听、收视调查须由中方控股。
20	禁止投资社会调查。
九、科学研究和技术服务业	
21	禁止投资人体干细胞、基因诊断与治疗技术开发和应用。
22	禁止投资人文社会科学研究机构。
23	禁止投资大地测量、海洋测绘、测绘航空摄影、地面移动测量、行政区域界线测绘，地形图、世界政区地图、全国政区地图、省级及以下政区地图、全国性教学地图、地方性教学地图、真三维地图和导航电子地图编制，区域性的地质填图、矿产地质、地球物理、地球化学、水文地质、环境地质、地质灾害、遥感地质等调查（矿业权人在其矿业权范围内开展工作不受此特别管理措施限制）。
十、教育	
24	学前、普通高中和高等教育机构限于中外合作办学，须由中方主导（校长或者主要行政负责人应当具有中国国籍，理事会、董事会或者联合管理委员会的中方组成人员不得少于1/2）。
25	禁止投资义务教育机构、宗教教育机构。
十一、卫生和社会工作	
26	医疗机构限于合资。
十二、文化、体育和娱乐业	
27	禁止投资新闻机构（包括但不限于通讯社）。
28	禁止投资图书、报纸、期刊、音像制品和电子出版物的编辑、出版、制作业务。

续表

序号	特别管理措施
29	禁止投资各级广播电台（站）、电视台（站）、广播电视频道（率）、广播电视传输覆盖网（发射台、转播台、广播电视卫星、卫星上行站、卫星收转站、微波站、监测台及有线广播电视传输覆盖网等），禁止从事广播电视视频点播业务和卫星电视广播地面接收设施安装服务。
30	禁止投资广播电视节目制作经营（含引进业务）公司。
31	禁止投资电影制作公司、发行公司、院线公司以及电影引进业务。
32	禁止投资文物拍卖的拍卖公司、文物商店和国有文物博物馆。
33	禁止投资文艺表演团体。

附录2　自由贸易试验区外商投资准入特别管理措施（负面清单）（2020年版）

说　明

一、《自由贸易试验区外商投资准入特别管理措施（负面清单）》（以下简称《自贸试验区负面清单》）统一列出股权要求、高管要求等外商投资准入方面的特别管理措施，适用于自由贸易试验区。《自贸试验区负面清单》之外的领域，按照内外资一致原则实施管理。

二、《自贸试验区负面清单》对部分领域列出了取消或放宽准入限制的过渡期，过渡期满后将按时取消或放宽其准入限制。

三、境外投资者不得作为个体工商户、个人独资企业投资人、农民专业合作社成员，从事投资经营活动。

四、有关主管部门在依法履行职责过程中，对境外投资者拟投资《自贸试验区负面清单》内领域，但不符合《自贸试验区负面清单》规定的，不予办理许可、企业登记注册等相关事项；涉及固定资产投资项目核准的，不予办理相关核准事项。投资有股权要求的领域，不得设立外商投资合伙企业。

五、经国务院有关主管部门审核并报国务院批准，特定外商投资可以不适用《自贸试验区负面清单》中相关领域的规定。

六、境内公司、企业或自然人以其在境外合法设立或控制的公司并购与其有关联关系的境内公司，按照外商投资、境外投资、外汇管理等有关规定办理。

七、《自贸试验区负面清单》中未列出的文化、金融等领域与行政审批、资质条件、国家安全等相关措施，按照现行规定执行。

八、《内地与香港关于建立更紧密经贸关系的安排》及其后续协议、《内地与澳门关于建立更紧密经贸关系的安排》及其后续协议、《海峡两岸经济合作框架协议》及其后续协议、我国缔结或者参加的国际条约、协定对境外投资者准入待遇有更优惠规定的，可以按照相关规定执行。

九、《自贸试验区负面清单》由国家发展改革委、商务部会同有关部门负责解释。

自由贸易试验区外商投资准入特别管理措施（负面清单）（2020 年版）

序号	特别管理措施
一、农、林、牧、渔业	
1	小麦、玉米新品种选育和种子生产的中方股比不低于 34%。
2	禁止投资中国稀有和特有的珍贵优良品种的研发、养殖、种植以及相关繁殖材料的生产（包括种植业、畜牧业、水产业的优良基因）。
3	禁止投资农作物、种畜禽、水产苗种转基因品种选育及其转基因种子（苗）生产。
二、采矿业	
4	禁止投资稀土、放射性矿产、钨勘查、开采及选矿。（未经允许，禁止进入稀土矿区或取得矿山地质资料、矿石样品及生产工艺技术。）
三、制造业	
5	除专用车、新能源汽车、商用车外，汽车整车制造的中方股比不低于 50%，同一家外商可在国内建立两家及两家以下生产同类整车产品的合资企业。（2022 年取消乘用车制造外资股比限制以及同一家外商可在国内建立两家及两家以下生产同类整车产品的合资企业的限制）
6	卫星电视广播地面接收设施及关键件生产。

续表

序号	特别管理措施
四、电力、热力、燃气及水生产和供应业	
7	核电站的建设、经营须由中方控股。
五、批发和零售业	
8	禁止投资烟叶、卷烟、复烤烟叶及其他烟草制品的批发、零售。
六、交通运输、仓储和邮政业	
9	国内水上运输公司须由中方控股。（且不得经营或租用中国籍船舶或者舱位等方式变相经营国内水路运输业务及其辅助业务；水路运输经营者不得使用外国籍船舶经营国内水路运输业务，但经中国政府批准，在国内没有能够满足所申请运输要求的中国籍船舶，并且船舶停靠的港口或者水域为对外开放的港口或者水域的情况下，水路运输经营者可以在中国政府规定的期限或者航次内，临时使用外国籍船舶经营中国港口之间的海上运输和拖航。）
10	公共航空运输公司须由中方控股，且一家外商及其关联企业投资比例不得超过25%，法定代表人须由中国籍公民担任。通用航空公司的法定代表人须由中国籍公民担任，其中农、林、渔业通用航空公司限于合资，其他通用航空公司限于中方控股。（只有中国公共航空运输企业才能经营国内航空服务，并作为中国指定承运人提供定期和不定期国际航空服务。）
11	民用机场的建设、经营须由中方相对控股。外方不得参与建设、运营机场塔台。
12	禁止投资邮政公司（和经营邮政服务）、信件的国内快递业务。
七、信息传输、软件和信息技术服务业	
13	电信公司：限于中国入世承诺开放的电信业务，增值电信业务的外资股比不超过50%（电子商务、国内多方通信、存储转发类、呼叫中心除外），基础电信业务须由中方控股（且经营者须为依法设立的专门从事基础电信业务的公司）。上海自贸试验区原有区域（28.8平方公里）试点政策推广至所有自贸试验区执行。

续表

序号	特别管理措施
14	禁止投资互联网新闻信息服务、网络出版服务、网络视听节目服务、互联网文化经营（音乐除外）、互联网公众发布信息服务（上述服务中，中国入世承诺中已开放的内容除外）。
八、租赁和商务服务业	
15	禁止投资中国法律事务（提供有关中国法律环境影响的信息除外），不得成为国内律师事务所合伙人。（外国律师事务所只能以代表机构的方式进入中国，且不得聘用中国执业律师，聘用的辅助人员不得为当事人提供法律服务；如在华设立代表机构、派驻代表，须经中国司法行政部门许可。）
16	市场调查限于合资，其中广播电视收听、收视调查须由中方控股。
17	禁止投资社会调查。
九、科学研究和技术服务业	
18	禁止投资人体干细胞、基因诊断与治疗技术开发和应用。
19	禁止投资人文社会科学研究机构。
20	禁止投资大地测量、海洋测绘、测绘航空摄影、地面移动测量、行政区域界线测绘，地形图、世界政区地图、全国政区地图、省级及以下政区地图、全国性教学地图、地方性教学地图、真三维地图和导航电子地图编制，区域性的地质填图、矿产地质、地球物理、地球化学、水文地质、环境地质、地质灾害、遥感地质等调查（矿业权人在其矿业权范围内开展工作不受此特别管理措施限制）。
十、教育	
21	学前、普通高中和高等教育机构限于中外合作办学，须由中方主导［校长或者主要行政负责人应当具有中国国籍（且在中国境内定居），理事会、董事会或者联合管理委员会的中方组成人员不得少于1/2］。［外国教育机构、其他组织或者个人不得单独设立以中国公民为主要招生对象的学校及其他教育机构（不包括非学制类职业培训机构、学制类职业教育机构），但是外国教育机构可以同中国教育机构合作举办以中国公民为主要招生对象的教育机构。］
22	禁止投资义务教育机构、宗教教育机构。

续表

序号	特别管理措施
十一、卫生和社会工作	
23	医疗机构限于合资。
十二、文化、体育和娱乐业	
24	禁止投资新闻机构（包括但不限于通讯社）。（外国新闻机构在中国境内设立常驻新闻机构、向中国派遣常驻记者，须经中国政府批准。外国通讯社在中国境内提供新闻的服务业务须由中国政府审批。中外新闻机构业务合作，须中方主导，且须经中国政府批准。）
25	禁止投资图书、报纸、期刊、音像制品和电子出版物的编辑、出版、制作业务。（但经中国政府批准，在确保合作中方的经营主导权和内容终审权并遵守中国政府批复的其他条件下，中外出版单位可进行新闻出版中外合作出版项目。未经中国政府批准，禁止在中国境内提供金融信息服务。）
26	禁止投资各级广播电台（站）、电视台（站）、广播电视频道（率）、广播电视传输覆盖网（发射台、转播台、广播电视卫星、卫星上行站、卫星收转站、微波站、监测台及有线广播电视传输覆盖网等），禁止从事广播电视视频点播业务和卫星电视广播地面接收设施安装服务。（对境外卫星频道落地实行审批制度。）
27	禁止投资广播电视节目制作经营（含引进业务）公司。[引进境外影视剧和以卫星传送方式引进其他境外电视节目由广电总局指定的单位申报。对中外合作制作电视剧（含电视动画片）实行许可制度。]
28	禁止投资电影制作公司、发行公司、院线公司以及电影引进业务。（但经批准，允许中外企业合作摄制电影。）
29	禁止投资文物拍卖的拍卖公司、文物商店和国有文物博物馆。（禁止不可移动文物及国家禁止出境的文物转让、抵押、出租给外国人。禁止设立与经营非物质文化遗产调查机构；境外组织或个人在中国境内进行非物质文化遗产调查和考古调查、勘探、发掘，应采取与中国合作的形式并经专门审批许可。）
30	文艺表演团体须由中方控股。